Lost & Dark Places
Nürnberg, Fürth, Erlangen

Es sind die düsteren oder verlassenen Orte, deren Geschichten in diesem Buch erzählt werden. (Kapitel 22)

Sabine Peters

Lost & Dark Places
NÜRNBERG FÜRTH·ERLANGEN

33 vergessene, verlassene und unheimliche Orte

BRUCKMANN

↑ Dark Romantic: Bei einigen Lost Places hat man das Gefühl, sich in einem Schauerroman zu befinden. (Kapitel 22)

↓ Es gibt so manchen altehrwürdigen Ort, der im Verborgenen liegt (Kapitel 1) …

↘ … oder dessen tragische Geschichte einen zum Jammern bringt. (Kapitel 8)

INHALT

SCHAURIG

↑ Diese beiden Waschbecken haben schon bessere Tage gesehen. (Kapitel 11)
↗ Ob der Blick durch das Schlüsselloch wohl Schauriges verrät? (Kapitel 32)

MYSTISCH

VORWORT

Nürnberg, Fürth und Erlangen sind ein bezauberndes Städtetrio, ein Potpourri aus Kaiser-Domizil, Eisenbahn-Debüt und Gelehrten-Quartier. So nah diese Städte auch beieinander liegen – ja, Nürnberg und Fürth scheinen sogar fast nahtlos ineinander überzugehen –, so hat doch jeder dieser fränkischen Orte seine ganz eigene Anmutung, sein besonderes Flair. Woran das wohl liegen mag? Die Antwort liefert der berühmte amerikanische Schriftsteller und Nobelpreisträger William Faulkner (1897–1962): »The past is never dead. It's not even the past.« Denn die Ausstrahlung und Stimmung der jeweiligen Stadt besteht aus der Summe ihrer historischen Vergangenheiten. »Das Vergangene ist nicht tot. Es ist nicht einmal vergangen.« Und doch ist es oftmals in Vergessenheit geraten.

Es gibt Orte, an denen einem unwillkürlich die Haare zu Berge stehen. Man rätselt, warum der Putz so bekümmert und gramvoll von den Wänden blättert. Und weshalb solch eine düster drückende Stille herrscht, unterbrochen nur hin und wieder von unheimlichem Knarzen. Oder man fragt sich, wieso man unweigerlich eine Gänsehaut bekommt. Ist es der kalte Hauch des Todes an den dunklen Ufern des unsanft ruhenden Sees? Dieses Buch bringt nun Licht ins Dunkel. Endlich wird hier Geheimnisvolles oder Vergessenes der Region Nürnberg/Fürth/Erlangen aufgedeckt, manches hier zum ersten Mal, manches sogar ganz exklusiv. Dabei liegt der Reiz der vorgestellten 33 Orte in ihrer Ursprünglichkeit, Einzigartigkeit und ihren unbekannten, spannenden oder finsteren Geschichten.

Dem Düsteren oder Vergessenen auf der Spur: Teilweise mussten verwitterte Schriftzeichen tastend enträtselt werden. (Kapitel 3)

Gelegentlich sind die vorgestellten Lost & Dark Places schwer zu finden. Dann erleichtern Ihnen die genauen Geo-Daten und Wegbeschreibungen hier in diesem Buch die Suche. Dieses Buch ist jedoch keine Anleitung zu einer hippen Schatzsuche wie das Suchen und Finden von militärischen Artefakten. Auch ist es keine Einladung zu einem illegalen Einbruch in einsturzgefährdete Bauwerke. Vielmehr ist das Buch selbst ein Schatz an verloren gegangenen, nun wieder ausgegrabenen Geschichten und ein Wegweiser zu den vergessenen oder unbekannten Orten, mal versteckt im Wald, mal unbeachtet und übersehen mitten in der Stadt.
Als waschechte Fränkin, studierte Kunsthistorikerin und zertifizierte Stadtführerin kenne und liebe ich unsere berühmten Architekturschönheiten. Aber ganz ehrlich? Ich freue mich »wie Bolle«, dass ich in diesem Buch mit Ihnen zusammen die ausgetretenen Touristenpfade einmal verlassen und das Vergessene aufdecken darf. Tief habe ich gegraben, ob in alten Archiven oder in persönlichen Gesprächen. Türen und Herzen wurden mir freundlich geöffnet und verschüttete Geheimnisse vertrauensvoll verraten.
Nun hoffe ich doch sehr, dass Sie so richtig neugierig geworden sind. Ja? Perfekt! Dann blättern Sie bitte gleich um und lassen Sie sich fesseln von ruinierten Perlen, rätselhaften Poltergeistern oder Räuberhöhlen im Reichswald. Lauschen Sie uralten Totenglocken an noch urälteren Kirchen oder lassen Sie sich an einsamen Orten von einer unheimlichen Stille beunruhigen, die aus der dunklen Feder eines Edgar Allan Poe stammen könnte. Besuchen Sie geheimnisvolle Seen, stillgelegte Fabriken, unheimliche Bunker oder verlassene Ruinen, ob auf weiter Flur oder mitten in der Stadt. Viel Freude beim Erkunden. Am besten zu zweit, mit festem Schuhwerk und starken Nerven.
Ihre Sabine Peters

Eine versperrte und mit Schloss gesicherte Tür bedeutet auch ohne Schild: Zutritt verboten! (Kapitel 31)

VERHALTENSREGELN FÜR LOST PLACES

1. Behandeln Sie die Orte mit Respekt

Jedes Bauwerk und jedes Gebäude erzählt eine Geschichte aus vergangenen Tagen. Dies gilt es zu schützen. Und auch, wenn es teilweise nicht so aussieht, hat doch jeder dieser Lost & Dark Places einen Eigentümer. Das sollten Sie respektieren. Betreten Sie keine Gebäude oder Grundstücke unbefugt, zerstören oder beschädigen Sie nichts, öffnen Sie nichts gewaltsam. Trägt der Ort ein »Betreten verboten«-Schild, darf er nicht betreten werden. Auch wenn das Tor angelweit aufsteht oder ein riesiges Loch im Zaun klafft. Sind Fenster oder Türen verschlossen, soll das auch so bleiben. Gehen Sie respektvoll mit dem Ort um – sei es eine Kultstätte im tiefsten Wald, eine baufällige Ruine oder eine prachtvolle Kirche.

2. Nehmen Sie nichts mit, lassen Sie nichts da

Wenn Sie etwas von einem Lost & Dark Place mitnehmen, und sei es noch so klein, ist das Diebstahl. Punkt! Denn wie Sie bereits aus Verhaltensregel Nummer eins wissen, haben alle diese Orte einen Eigentümer. Daher gilt die Regel: Alles bleibt, wie es ist. Belassen Sie es bei den schönen Eindrücken und Fotos, die Sie an diesen Orten machen. Das bedeutet auch: Lassen Sie nichts zurück. Keine Essensreste, keine Kaugummis, keine Zigarettenstummel.

3. Rauchen verboten

Das bringt mich zum nächsten Punkt: Rauchen ist hier generell verboten. Zollen Sie dem historischen Ort Respekt und verzichten Sie für die Zeit, die Sie da sind, auf das Rauchen. Zigarettenstummel brauchen nicht nur 15 Jahre, um zu verrotten (sie sollten deswegen nirgends achtlos weggeworfen werden), sondern können auch schnell ein verheerendes Feuer verursachen.

4. Keine Graffitis

Dass Sie nichts hinterlassen sollen, gilt auch für »Kunstwerke« an den Wänden. Man sprüht einfach nicht auf fremdes Eigentum, sei es noch so schön. Lassen Sie Mauern und Wände, wie sie sind, sodass auch noch Menschen nach Ihnen den Ort authentisch erleben können.

5. Seien Sie vorsichtig

Vorsicht ist besser als Nachsicht. Das gilt vor allem bei Lost Places oder Orten, die von wilder Natur umgeben sind. Marodes Holz, verrostete Geländer, einsturzgefährdete Decken, lockere Böden (teilweise befinden sich noch Kellergeschosse darunter), eingeschlagene Fensterscheiben – die Liste an solchen Orten ist lang. Auch Schluchten, Steilhänge im Wald

Ein authentisch erhaltener Ort ist selten und deshalb kostbar. Vandalismus hat da nichts zu suchen! (Kapitel 31)

Gehen Sie auf Nummer sicher!
Vermeiden Sie gefährliche Situationen. (Kapitel 29)

oder steil abfallende Seeufer können gefährlich werden. Seien Sie daher immer wachsam. Begeben Sie sich niemals in Gefahr – auch nicht für das eine Foto. Das ist es nicht wert. Treppen und obere Etagen sind eine gängige Gefahrenquelle. Schauen Sie sich deshalb den Zustand der Treppe und der Decke in Gebäuden genau an. Nehmen Sie auch eine Taschenlampe für dunkle Räume und Keller mit.

6. Gehen Sie nicht allein

Es ist ratsam, immer mindestens zu zweit, besser noch zu dritt einen Lost Place zu besuchen. Dabei gilt die alte Regel: Ist eine Person verletzt, bleibt die zweite vor Ort und die dritte holt Hilfe. Zudem weiß man nie, wen man vor Ort trifft. Vandalen, Spinner oder Betrunkene sind auch oft in Lost Places anzutreffen. Da ist es beruhigender, nicht allein zu sein.

Ausrüstung

Ich empfehle Ihnen Folgendes beim Erkunden:
- Festes Schuhwerk, hohe Strümpfe (Schutz vor Zecken)
- Reißfeste Kleidung, ggf. eine leichte Regenjacke
- Kamera inkl. Zusatzakku, Speicherkarten, Blitz, Stativ
- Proviant und Getränke (nehmen Sie aber alles wieder mit)
- Kopf- oder Stirnlampe, um die Hände frei zu haben
- Taschenlampe mit weitem Winkel für Keller und dunkle Räume
- Taschenmesser
- Aufgeladenes Handy (ggf. Powerbank)
- Notizblock und Stift
- Pflaster, Desinfektionsspray und Taschentücher für Verletzungen
- Mücken- und Zeckenspray

Manche Orte sehen gut erhalten aus. Es ist jedoch nicht alles Gold, was glänzt. (Kapitel 5)

»Ruhet in Frieden!« war auf diesem uralten Friedhof ein vergeblicher Wunsch der traurigen Hinterbliebenen. (Kapitel 3)

VERFALLEN

1

WO DER PUTZ KUMMERVOLL BRÖSELT

Kunstgießerei Lenz in Nürnberg

»Da bläddert der Pudz von der Wand, da durchs Dach dropfts durch …« Während die Inhaberin der ältesten Kunstgießerei Nürnbergs detailliert über die Schäden berichtet, wächst beim Betrachter das Entsetzen. Denn hier verfällt ein einzigartiges Denkmal.

Adresse Burgschmietstraße 14/18, Stadtteil St. Johannis, 90419 Nürnberg, Mittelfranken **GPS** 49.45784, 11.07054 **Anfahrt** Mit der Tram 4 bis Tiergärtnertor, mit der Tram 6 bis Hallerstraße oder mit dem Auto den Altstadtring in der Johannisstraße verlassen, dann rechts in die Sankt-Johannis-Mühlgasse und erneut rechts in die Burgschmietstraße fahren.

Deutlich ist der Verfall zu erkennen, auch wenn die Butzenscheiben noch altehrwürdig glänzen.

Hinter diesen alten, renovierungsbedürftigen Sandsteinmauern wird schon lange gewerkelt.

ZUM JAMMERN Jeder Spaziergänger, der gerne durch den schönen und selbstbewussten Stadtteil St. Johannis gleich neben der Kaiserburg schlendert, wird vor diesem Gebäude erstaunt stehen bleiben. Denn zwischen all den renovierten Jugendstilhäusern und ehemaligen Bankiersvillen, zwischen all den hochmodernen Wohnhäusern wirkt das denkmalgeschützte Haus der Kunstgießerei Lenz in der Burgschmietstraße 14, als hätte es den Sprung in die Gegenwart verpasst. Uralt ist es, das sieht man sofort. Schließlich wurde der eingeschossige Sandsteinquaderbau mit Satteldach im Jahr 1850 errichtet. Und die großen, vergitterten Werkstattfenster, die mächtigen Holztüren und die wunderschönen Bronzetafeln rufen einem zu: Hier wird schon seit Langem erfolgreich gearbeitet! Doch was für ein Jammer. Der sichtbar zerbröselnde Sandstein, die abgebrochenen Eingangsstufen oder die gesprungenen und mit Klebeband fixierten Fensterscheiben zeigen: Diese altehrwürdige Manufaktur verfällt. Und Sabine Jahn, die Chefin der Gießerei, ist machtlos. Denn sie ist nur die Mieterin. Auf Drängen der Denkmalschutzbehörde der Stadt Nürnberg ließen die Eigentümer im Jahr 2021 immerhin das Dach an einigen Stellen notdürftig flicken. Doch das ist zu wenig. Deswegen fordert die Behörde Nachbesserungen ein. Wenigstens Notsicherungsmaßnahmen sollen getätigt werden.

BEDEUTENDE KUNSTGIESSEREI 1829 von Jakob Daniel Burgschmiet (1796–1858) gegründet, verließen im Laufe der Zeit viele berühmte Denkmäler, Plastiken und Epitaphien diese außergewöhnliche Werkstatt. Man mag es sich gar nicht vorstellen, aber, »aufgewachsen unter ärmlichen Verhältnissen«, wurde Burgschmiet im Alter von elf Jahren Vollwaise und musste sich seinen Lebensunterhalt selbst verdienen. Er ging bei einem Drechsler in die Lehre, malte und schnitzte leidenschaftlich. »Er bastelte auch

Indischer Elefant meets böhmischen Radetzky im fränkischen Nürnberg?

kunstvolle mechanische Spielzeuge, die er im Advent in einer eigenen Bude verkaufte, und er zog auch mit einem selbst gebauten mechanischen Theater quer durch halb Deutschland«, so die Kunstgießerei in ihrem Buch zum 150. Firmenjubiläum. Was für ein außergewöhnliches Bürschlein. Da wundert man sich nicht, dass er sein erstes bedeutendes Werk als Bildhauer für das Nürnberger Waisenhaus schuf. Schließlich gründete er 1829 eine eigene Gießhütte, bezog 1850 das heutige Anwesen … und wurde immens erfolgreich. Ob Beethoven in Bonn, Dürer in Nürnberg oder Radetzky in Böhmen: Wenn ein Denkmal ausgeführt werden sollte, war die Nürnberger Kunstgießerei oft die erste Wahl. Nach Burgschmiets plötzlichem Tod – mitten im Billardspielen im Cafe Lotter traf ihn der Schlag – führten sein Schwiegersohn Christoph Albrecht Lenz und dessen Nachkommen den Betrieb mit großem Erfolg weiter. Franz Jahn, der 1957 in der Gießerei zu arbeiten begann, übernahm schließlich 1988 den Betrieb. Als er 2009 schwer erkrankte, war es für seine Tochter Sabine, Meisterin im Metallguss, gar nicht so einfach, »von einer Stunde auf die nächste hier loszulegen und sich um alles zu kümmern von jetzt auf gleich«.

EINZIGARTIGE ZEITREISE Und doch merkt man sofort: Hier wird mit Freude gearbeitet. Durch die geöffneten Fenster hört man lautes Lachen, eifriges Hämmern und kräftiges Schlagen. Betritt man die Werkstatt der Gießerei, kommt man aus dem Staunen nicht mehr heraus. Denn auch wenn heute ein elektrischer Kran und eine moderne Schleifmaschine die Arbeiten erleichtern: Es sieht hier aus wie zur Gründungszeit vor bald 200 Jahren. Neben der Sandabformung führten die Jahns wieder das Wachsausschmelzverfahren ein und sicherten so die Zusammenarbeit mit jungen Bildhauern. In Handarbeit werden hier die Werke nach den künstlerischen Vorlagen gemacht und vor allem: mit höllisch heißem Feuer gegossen. »Es ist ein harter Job«, so die Chefin über ihr geliebtes Handwerk. Und es ist eine hoch kunstvolle Arbeit, die Können und Spitzengefühl verlangt, ob beim Ausmeißeln, Ziselieren oder Punzieren. Doch sobald es regnet, ist die Freude dahin. Und das Wehklagen groß. Die ganze Werkstatt ist dann auf den Beinen. Jeder hilft fleißig mit, um Eimer auf dem Boden oder auf den Regalbrettern zwischen den Bronzefiguren aufzustellen, damit möglichst viele Regentropfen aufgefangen werden können. Denn durch das undichte Dach nieselt und tröpfelt es dann … unaufhörlich.

Persönliche Führung

Diesen einmaligen Ort muss man mit eigenen Augen gesehen haben. Auf Anfrage besteht die Möglichkeit, von Frau Jahn persönlich durch die faszinierende Kunstgießerei geführt zu werden. Man erfährt dabei Geschichte und Geschichten dieser bedeutenden Werkstatt (www.kunstgiesserei-lenz.de). Der historische Stadtteil St. Johannis ist ohnehin ein Schätzchen für sich: der berühmte Johannisfriedhof, die bezaubernden Hesperidengärten, die grünen Pegnitzauen und die vielen Restaurants und Biergärten laden zum Entdecken und Genießen ein.

Rechts stehen die Eimer schon bereit, denn der nächste Regen kommt bestimmt.

Mehrmals abgebrannt und zerstört, stehen heute nur noch kümmerliche Reste dieses ehemalig so imposanten Schmuckstücks.

2

DIE RUINIERTE PERLE

Wasserburg Oberbürg im Pegnitztal Ost

Mitten im Naturschutzgebiet Pegnitztal Ost kann man heute noch die kläglichen Überreste eines ehemals prachtvollen Juwels entdecken. Zusätzlichen schimmernden Glanz verliehen ihm einst viele illustre Persönlichkeiten. Doch das war einmal. Vor langer Zeit.

Adresse Oberbürger Straße 1, Pegnitztal Ost, 90482 Nürnberg-Laufamholz, Mittelfranken **GPS** 49.46954, 11.15516 **Anfahrt** Mit der S 1 bis Nürnberg-Rehhof, mit dem Bus 40 bis Nürnberg Happurger Straße oder mit dem Auto bis zur Laufamholzstraße fahren.

GEBEUTELTER PRACHTBAU Herrje! Man sieht es den heutigen architektonischen Überresten der Oberbürg deutlich an: Zerstörung ist diesem Ensemble im Osten Nürnbergs nicht fremd. Aber auch Pracht und Reichtum scheinen sich hier einst sehr heimisch gefühlt zu haben, denn die erhaltenen Türme und Mauern umschließen fast majestätisch ein großes Gelände. Ein Entdeckungsrundgang um die zum Teil dicht bewachsene Ruine des ehemaligen Herrensitzes ist deshalb eine abenteuerliche Zeitreise in längst vergessene Zeiten. Zuerst einmal müssen jedoch die Überreste dieses Wasserschlösschens gefunden werden. Und das ist gar nicht so einfach, denn sie liegen mitten im Naturschutzgebiet Pegnitztal Ost und können nur zu Fuß auf kleinen Trampelpfaden oder Kieswegen erreicht werden. Am schönsten ist es, man besucht die Anlage in den Morgenstunden, denn dann wird man von einer herrlich wildromantischen Stimmung umfangen. Und am besten nähert man sich von Osten und lässt sich so von einem hübschen runden Türmchen willkommen heißen. Doch beim Weitergehen an der langen, zum Teil mit Moos überwucherten Mauer merkt man schnell, dass diese Perle ihren einstigen Glanz verloren hat. Von vielen Kriegen arg gebeutelt, verfällt heute das ehemalige Schmuckstück der Reichsstadt Nürnberg. Lediglich den Ökonomiehof im Westen der Anlage hat man im 20. Jahrhundert wieder aufgebaut. Das Wasserschlösschen selbst, dieses ehemalige bezaubernde Kleinod inmitten von Weihern, ist heute eine einzige Ruine.

WIE ALLES BEGANN Anfang des 15. Jahrhunderts befand sich hier ein Wirtschaftshof der Patrizierfamilie Groland, der jedoch schon 1449 im Ersten Markgrafenkrieg niedergebrannt wurde. Nach seiner Zerstörung ließen sich Niklas und Peter Groland noch im selben Jahrhundert ein »obern pürglein« errichten, »das mit gräben, wassern und tüllen (Zäunen) und anderem umbfangen« war. Viele, viele Besitzer gaben sich im Laufe der Jahrhunderte die Türklinke des Anwesens in die Hand. Und so mauserte sich schließlich das »pürglein« zu einer prachtvollen Schlossanlage. Zu ihren Glanzzeiten besaß sie schmucke Türmchen, die sich in den Weihern spiegelten, weitläufige Gärten, die eines Fürstenhofs würdig waren, und zahlreiche Wirtschaftsgebäude. Lassen wir eine reine Aufzählung der Schlossherren beiseite und tauchen wir ein bisschen tiefer in die Geschichte von zwei besonders schillernden Persönlichkeiten ein.

DER »SELZAME« MANN 1542 betrat mit Bonaventura I. von Furtenbach (1498–1564) ein Tausendsassa das Parkett des Anwesens. Zu dieser Zeit war aus dem Bürglein bereits eine Burg mit Türmen, Schlagbrücke und Graben geworden. Furtenbach galt als ein knallharter Wirtschaftsmagnat mit hohen gesellschaftlichen Ambitionen. Er war Fernhändler für Gewürze, Stoffe und Silber und führte »ein stattliche Handlung nach Italia wie auch ins Niederland«. Zudem war er Großgrundbesitzer und Bankier des Königs.

Nur dieses Prachtexemplar von einem Baum steht nach wie vor wie eine Eins.

Und nicht nur das! Kaiser Karl V. (1500–1558) höchstpersönlich hatte ihn in den Adelsstand erhoben. Doch sein Ruf war schlecht. Er galt als skrupelloser Kreditgeber und gerissener Spekulant. So belegen Quellen, dass er betrügerisch minderwertigen Tand als kostbare Kleinodien veräußerte oder Schuldner, die nicht bezahlen konnten, ohne zu zögern in den Schuldturm sperren ließ. Man nannte ihn deshalb einen »Wucherer«, »Geizhalz« und »ein selzamer mann, der nicht mit im handeln lest«. Verwunderlich ist es deshalb nicht, dass für Furtenbach die Oberbürg lediglich ein Geldgeschäft war. 1542 erworben, verkaufte er sie nur zwei Jahre später wieder. Bestimmt sehr gewinnbringend.

EUROPÄISCHER POMP Ab 1637 erblühte das Anwesen dann zu einem barocken Juwel. Vornehme adelige Exulanten aus Österreich, die hier eine neue Heimat fanden, brachten das kultivierte Leben europäischer Fürstenhäuser mit. Zu diesem Zeitpunkt war die Burg bereits weiter umfassend ausgebaut worden und zu einem prachtvollen Wasserschloss erblüht. So war die östliche Kemenate mit dem Torhaus durch Flügelbauten verbunden worden und dadurch ein eleganter Innenhof entstanden, der auf vier Seiten von prachtvollen Gebäuden umgeben war.

DIE SCHILLERNDSTE PERLE Als im Jahr 1693 Gräfin Margaretha Susanna von Zinzendorf (1660–1722), später verheiratete von Polheim, das Schloss kaufte, zog mit ihr neben prunkvollem Glanz auch noch betörender Glamour ein. Am Dresdner Hof hatte sie schon eine Vorzugsstellung eingenommen, denn sie war über zehn Jahre die Mätresse des sächsischen Kurfürsten Johann Georg III. (1647–1691) gewesen. Nun ver-

Heute ungepflegtes Gestrüpp hinter dem Mäuerchen ... früher glanzvoller Pomp und Pracht.

Dieser Turm braucht zwei Gürtel aus Metall … damit er nicht auseinanderfällt.

sammelte die »schöne Susi«, wie die attraktive Adelige genannt wurde, in der Oberbürg die feine illustre Gesellschaft um sich. Sie ließ luxuriöse Salons und pompöse Festsäle errichten, die Fassade dekorativ mit aufgemalter Architektur verschönern und einen symmetrischen Barockgarten mit plätschernden Springbrunnen und anmutigen Sandsteinfiguren errichten. Ein zauberhaftes Märchenschloss war entstanden!

AUSGEBRANNT UND ABGEBROCHEN Es ist zum Heulen! Denn von all der schönen Pracht und dem kultivierten Reichtum ist heute nichts mehr zu erkennen. Zwar hat man nach den Zerstörungen im Zweiten Weltkrieg die lang gestreckten Wirtschaftsgebäude wieder aufgebaut. Doch vom ausgebrannten Wasserschlösschen wurden 1966 sogar noch Teile abgebrochen. Wo einst die »schöne Susi« das Tanzbein schwang, man Gelehrtengespräche führte oder köstlich dinierte, sieht man heute nur Gemäuer im Zerfall, Graffitis ohne Talent oder Absperrungen ohne Sinn. Lediglich der ein oder andere elegant verzierte Stein zeigt: Hier war es einmal äußerst prächtig! Und doch. Wenn man am frühen Morgen ganz alleine vor diesen letzten Resten des barocken Schlösschens steht, würziger Dunst der umherliegenden Feuchtwiesen heranschwebt und die ersten Vögel zu singen beginnen, verzaubert dieser Ort einen auch heute noch mit seinem ganz besonderen Charme.

Das Grab der Gräfin

Die Gräfin, das schillerndste Juwel der Oberbürg, wurde nur 61 Jahre alt. 1722 brachte man ihren Leichnam »nachts bei Fackeln« nach Wöhrd und begrub ihn neben ihrem Gatten in der Familiengruft. Heute sind die uralten Sandsteine auf dem Evangelischen Friedhof Nürnberg Wöhrd zum Teil unleserlich verwittert. Gerade deshalb ist es ein besonderes Erlebnis, die altehrwürdigen Familiengruften zu besuchen (www.st-bartholomaeus-nuernberg.de). Unter welchem wohl die »schöne Susi« ihre letzte Ruhe fand?

Ruht die »schöne Susi« vielleicht in dieser steinernen Grabkammer?

3

DIE TOTEN GRABSTEINE

Alter Jüdischer Friedhof in Fürth

Einfühlsame Menschen spüren es sofort: Hier ist Düsteres passiert. Auf diesem Friedhof ruht so manche Seele nicht mehr in Frieden. Und so mancher Grabstein ist seiner Würde beraubt.

Adresse Weiherstraße 13, Altstadt, 90762 Fürth, Mittelfranken **GPS** 49.47847, 10.98263
Anfahrt Mit der U 1 bis Stadthalle, mit dem Auto die Würzburger Straße bis zur Weiherstraße fahren.

Uraltehrwürdige, von Moos bewachsene Grabsteine sind ins Wanken geraten.

Viele bekannte Fürther Persönlichkeiten wurden hier einst begraben.

BLICK IN NACHBARS GARTEN Verriegelt, versperrt und durch hohe Sandsteinmauern geschützt, liegt heute der Alte Jüdische Friedhof mitten in der Stadt. Nur an zwei Stellen hat man die Möglichkeit, von außen einen Blick auf die alte Grabstätte zu werfen. Einmal kann man gegenüber dem Parkplatz an der Uferstraße zwischen der Bogen- und der Weiherstraße über die Mauer schauen und ein kleines Stückchen betrachten. Zum anderen ist da der mit einem Gittertor versperrte heutige Haupteingang, der einen guten Einblick gewährt. Den Friedhof betreten und die würdevollen alten Grabsteine erkunden kann man nur mittels Führungen. Und das sollte man unbedingt tun, denn diese Ruhestätte gilt als »einer der ältesten, größten und bedeutendsten Friedhöfe in Deutschland«, so das Amt für Tourismus der Stadt Fürth. Und doch: Freie Wiesenflächen, kaputte Grabsteine oder gelagerte und entgegen der Tradition aufgestellte Grabmale zeigen, dass es sich hier um einen Lost Place mit einer düsteren Vergangenheit handeln muss.

DAS FRÄNKISCHE JERUSALEM Dabei hatte alles so gut begonnen. Hier in Fürth besaß die jüdische Bevölkerung im 17. und 18. Jahrhundert Privilegien, die sie in vielen anderen Städten nicht hatte – zum Beispiel das Niederlassungsrecht oder das Wahlrecht. Und so entstanden in der Kleeblattstadt viele herausragende jüdische Einrichtungen. Hier formte sich eine der weltberühmtesten Talmudhochschulen mit Gelehrten von Rang. Und hier wurde das allererste Waisenhaus Deutschlands errichtet. Viele Jahrhunderte galt Fürth deshalb als Zentrum des Judentums. Wegen seiner jüdischen Gelehrsamkeit nannte man Fürth sogar »das fränkische Jerusalem«. Und natürlich entstand hier auch ein *Beth Olam*, ein jüdischer Friedhof, der lebensbejahend als »guter Ort« bezeichnet wird. Er ist eine Ruhestätte mit Besonderheiten. So sind nicht nur Erdbestattung und dauerhafte Totenruhe vorgeschrieben. Auch die Grabsteine stehen in der Regel nach Osten, in Richtung Jerusalem, ausgerichtet. Da die Grabmale über Jahrhunderte erhalten bleiben und ein jüdischer Friedhof über Generationen größer und immer größer wird, ist sein Aussehen deshalb sehr eindrucksvoll.

DER FÜRTHER JUDENHEKKISCH Die erste Beerdigung auf dem Fürther Friedhof fand am 11. November 1607 statt. Damals lag er

Am Grabstein rankt Efeu. Als Sinnbild für Treue überwindet er sogar den Tod.

noch außerhalb der Stadt. Ein Kupferstich von Johann Alexander Boener (1647–1720) aus dem Jahr 1705 zeigt das einstige Aussehen: Man erkennt das Friedhofsareal mit der 1653 errichteten Mauer und dem heute zugemauerten Eingang, dazu das 1666 erbaute Leichenhaus *(Beth Tachara)* für die Waschungen der Toten und, weil man dafür viel Wasser benötigte, den Ziehbrunnen davor. Außerdem befand sich auf dem Friedhof ein *Hekdesch*, ein Spital für Kranke und Arme, das zeitgleich mit der Friedhofsmauer errichtet worden war. Wie sehr das jüdische Alltagsleben in Fürth angekommen war, zeigt das erfundene und heute noch in Fürth gebräuchliche Wort »Judenhekkisch« als Begriff für den kompletten Friedhof. Sage und schreibe nahezu 20.000 Beerdigungen fanden hier auf 20.460 Quadratmetern im Zeitraum von 1607 bis 1936 statt. Eine heute noch vorhandene Inschrift verdeutlicht die hoffnungsvolle Auffassung, dass mit dem Erhalten des Grabes das Leben im Jenseits gesichert sei. Denn beim ehemaligen Eingang auf der Nordseite kann man die hebräischen Worte entziffern: »Sie sind fröhlich, dass sie das Grab bekommen.« Alles gut also? Von wegen!

VANDALISMUS UND EINSCHÜCHTERUNG Polizeiberichte halten die ersten groben Zerstörungen fest. Noch wirken diese wie dumme Lausbubenstreiche. So sollen in der Nacht zum 3. Juni 1928 drei strafunmündige Jugendliche aus der Nachbarschaft vier Grabsteine umgeworfen haben. Kein leichtes Unterfangen, wenn man bedenkt, dass einige der Steine bis zu neun Zentner schwer sind. Dann kommen die Nationalsozialisten an die Macht, und mit ihnen werden massive Schändungen die Regel. Den Anfang macht 1934 die erzwungene Abschrägung der Mauer an der Bogen-/Weiherstraße. Die jüdische Kultusgemeinde ist eingeschüchtert und tritt nach langen Verhandlungen »freiwillig« die Ecke des Friedhofes ab, damit der »rege« Straßenverkehr unbehindert fließen kann. Etwa 60 Kindergräber müssen deshalb ausgegraben werden. Die zarten Knöchel-

Was mag wohl mit dem steinernen Wächter im Vordergrund passiert sein? Obwohl zentnerschwer, liegt er umgestürzt am Boden.

Unter diesen aufgereihten Grabsteinen ruht niemand mehr in Frieden.

chen werden in weiße Säcke gefüllt, in Kisten verstaut und im oberen Bereich des Friedhofes wieder beigesetzt. Fröhlich war hier nun niemand mehr. Jedoch erleichtert. Denn durch dieses Zugeständnis hatte man wenigstens den ursprünglichen Plan der Nationalsozialisten verhindern können. Allzu gerne hätten diese nämlich eine Straße quer durch den Friedhof führen und damit um die 1000 Gräber ausgraben lassen.

FOTOGRAFIEREN ZWECKLOS Am 9. November 1938, in der sogenannten Pogromnacht, blieb auch dieser Friedhof nicht verschont. Als wäre ein Orkan über die Grabsteine hinweggefegt, lagen sie zerschmettert und zerstört wild umher. Nur einen Tag später musste der gesamte Grundbesitz der israelitischen Kultusgemeinde – und damit auch der Alte Friedhof – an die Stadt Fürth verkauft werden. Ein notarieller Kaufvertrag bezifferte den Gesamtwert des Besitzes auf läppische 100 RM (Reichsmark). Die Gebühren für diesen Vertrag beliefen sich dagegen auf satte 236,50 RM und waren selbstverständlich von der jüdischen Gemeinde zu entrichten. Die Haare sträuben sich einem bei dieser entwürdigenden Beraubung … und bleiben auch bei den nächsten Berichten so, denn im Dezember 1939 entfernten die Nazis um die 16.000 eiserne Grabgitter und Einfassungen. Eisen und Metall brauchte man nun dringend für Waffen und Munition im Krieg. Und so war Anfang 1943 aus dem ehemals guten Ort schließlich eine einzige Wüstenei geworden. Aufschlussreich belegt dies eine Korrespondenz. So hatte am 20. Februar das »Reichsinstitut für Geschichte des neuen Deutschlands« die Stadt Fürth kontaktiert. Es wollte Quellenmaterial für den »Kampf gegen das Judentum« und bat Fürth, vor allem die älteren Grabsteine zu fotografieren. Die Stadt meinte, dass der Friedhof dazu schon zu verwüstet sei, »da fast sämtliche Grabsteine umgelegt sind, ein Photographieren der Vorderseite also nicht möglich ist«.

ES GEHT NOCH SCHLIMMER Den Garaus machte dem Friedhof schließlich ein riesiger Löschwasserteich, der ohne Sinn mittendrin angelegt wurde. Dafür wurde vom 24. Februar bis 23. Juli 1944 ein etwa 41 Meter langer und 18,5 Meter breiter Bereich bearbeitet. Ein Teil der Friedhofsmauer wurde eingerissen, die in diesem Areal aufgestellten Grabsteine wurden für den Verkauf ausgelagert und mehr als 320 Tote ausgebaggert.

DER STILLE TOD DER GRABSTEINE Nach dem Ende des Zweiten Weltkrieges wurde ein Teil der Grabsteine wieder zurückgebracht. Doch die vielen ausgegrabenen Knöchelchen und Gebeine waren durch den Erdaushub wild verstreut und konnten ihnen nicht mehr zugeordnet werden. Eine letzte Ruhe fanden diese namenlosen Toten schließlich in einem Sammelgrab. Die Grabsteine jedoch, sie stehen heute eng gereiht nebeneinander, dort, wo einst der Löschwasserteich war. Wie müde Wächter stehen sie da, Schulter an Schulter gegen die Tradition nach Westen ausgerichtet und komplett ihrer Funktion beraubt. Denn unter ihnen ruht niemand mehr in Frieden.

Friedhofs-Tour

Für Lokalhistorikerin Gisela Blume ist der Friedhof »eine Fundgrube für die besondere Situation der Juden in unserer Stadt. Mir kommt es so vor, als kenne ich manche der nahezu 20.000 Bestatteten persönlich.« Eine Tour über den Friedhof ist hochinteressant (www.geschichte-fuer-alle.de). Danach laden die altehrwürdigen Häuser in der nahen Blumenstraße zum Erkunden ein. Hier findet man viele geschichtsträchtige Wohnhäuser aus der Zeit um 1850. Doch auch von ihnen haben nicht alle den Zweiten Weltkrieg unbeschadet überlebt.

Grober Vandalismus und mutwillige Zerstörung an allen Ecken und Kanten

4

DER TOD KAM AUF LEISEN RÄDERN

Peststadel in Nürnberg

Mitten in der Nürnberger Altstadt liegt eine kaum beachtete Ruine. Es sind die letzten Reste eines mittelalterlichen Parkhauses für gruselige Wagen. Zerstört im Zweiten Weltkrieg, weiter abgetragen in den 1960er-Jahren, steht heute von dem Gebäude nur noch eine einsame Wand.

Adresse Dr.-Erich-Mulzer-Straße, Altstadt – St. Sebald, 90403 Nürnberg, Mittelfranken **GPS** 49.45706, 11.08055 **Anfahrt** Mit dem Bus 36 bis Haltestelle Egidienplatz oder mit dem Auto über den Rathenauplatz in die Altstadt fahren.

Die heute noch erhaltene Pforte des ehemaligen Gruselparkhauses

UNSCHEINBAR Geben Sie es zu! Sie waren schon einige Male am berühmten Egidienberg in Nürnberg, aber das ruinöse Gebäude am Rand blieb unbemerkt. Macht nix! Dafür haben Sie ja mich. Machen wir uns doch auf eine kleine Spurensuche. Eine Inschrift in güldenen Buchstaben verrät schon einmal die ehemalige Bezeichnung: Peststadel. Eine Scheune in Zeiten der Pest? Schon sind wir mitten im finsteren Mittelalter gelandet …

DIE PEST! Allein dieses Wort lässt einen erschauern. Der »Schwarze Tod«, wie die Seuche auch genannt wurde, hatte seinen Ursprung in Zentralasien und kam Mitte des 14. Jahrhunderts über die Handelswege nach Europa. Die bakterienbefallenen Flöhe der Ratten waren schuld! Ob Beulen- oder Lungenpest, beide Krankheiten wurden durch das Bakterium *Yersinia pestis* ausgelöst. Ab dem 14. Jahrhundert und noch bis in das Jahr 1713 suchten immer wieder verheerende Pestwellen Nürnberg heim. Der Chronist Johannes Müllner (1565–1634) berichtet in seinen *Annalen der Reichsstadt Nürnberg* von

1623 von diesem schrecklichen Sterben. In einer Gänsehaut-Notiz schreibt er: »ANNO 1475. Es hat dis Jahr die pestilentzische Seuch zu Nürnberg regirt, sein von S. Johanns Tag biß umb Faßnacht volgendes Jahrs in beeden Pfarren zu Nurmberg gestorben zweytausendvierhundertsechsundfunfftzig Menschen, jung und alt.«

KURIOSE SONDERANFERTIGUNG Der »Schwarze Tod« wurde in der Handelsstadt zum häufig anzutreffenden Schreckgespenst. Für das Jahr 1483 hält Müllner fest: »Es hat dis Jahr zu Nürnberg ein geferliche pestilentzische Seuch regirt, das die Leuth gleich unsinnig dahingefallen.« Die hohe Ansteckungsgefahr musste gebannt werden. Deswegen beschloss 1517 der Rat der Stadt Nürnberg, die Toten »auff die Gottsacker vor der Statt (zu) begraben«. Um die vielen Verstorbenen zu den Friedhöfen St. Johannis und St. Rochus außerhalb der Altstadt transportieren zu können, ließ man – so ein Bericht der Altstadtfreunde – Wagen ohne Eisenreifen herstellen. Dezent und leise konnten diese unbeschlagenen Fuhrwagen durch die fränkische Reichsstadt rollen. Und machten nicht sofort jeden Bürger darauf aufmerksam, dass sie mit einer gruseligen Fracht beladen waren. Was für eine rücksichtsvolle Sonderanfertigung.

WOHIN MIT DEN LEICHENWAGEN? Schnell war eine Lösung gefunden. Im Jahr 1480 hatte man in der heutigen Dr.-Erich-Mulzer-Straße einen Kornspeicher errichtet, ein riesiges, 50 Meter langes Sandsteingebäude, in dem man unter dem Dach Getreide für Notzeiten lagerte. Im Erdgeschoss war noch Platz. Perfekt! Hier konnte man die Pestkarren unterstellen. Das Parkhaus für Wagen, in denen keiner freiwillig mitfahren wollte, war geboren. Heute wirft kaum jemand mehr einen Blick auf die Ruine dieses ehemaligen Gruselparkhauses. Zu unscheinbar steht es da zwischen all den anderen Gebäuden. Nur eine angebrachte Bronzetafel erzählt kurz und knapp von dieser ehemals düsteren Nutzung und dem weiteren Schicksal des Gebäudes: »1480 erbaut als Kornhaus. Remise für Pestwagen. 1864 Schulhaus. 1921 Amtsgebäude. 1945 zerstört.«

Der Zustand des Gebäudes im Jahr 1950. 1963 wurde es fast vollständig abgeräumt.

Die Sage vom Dudelsackpfeifer

Ein Totgeglaubter, der im Jahr 1437 einem Pestkarren von der Schippe gesprungen sein soll, ist der in Nürnberg sagenumwobene Dudelsackpfeifer. Am legendären Unschlittplatz 9 kann man ihm persönlich einen Besuch abstatten. Denn hier schmückt er als pfeifende Bronzefigur einen im Sommer sanft dahinplätschernden Brunnen. Nach einer Sage soll er während der Pest nach wildem Zechen im Wirtshaus am Nachhauseweg bewusstlos umgefallen sein. »Da kommt ein Karren noch vorbei, der ist beladen schwer mit vielen Toten stumm und steif, die schauen aus wie er«, weiß ein Gedicht in Otto Barthels *Heimatgeschichtlichem Lesebuch*. Man lädt ihn auf und nimmt ihn mit. Als er durch das unsanfte Rumpeln erwacht, pfeift er auf seinem Dudelsack um sein Leben. Was für ein Glück für das arme Pfeiferlein, denn es wird befreit und kann nach Hause gehen.

Die Zeppelintribüne mit Hitlers einzig noch erhaltener Rednerkanzel in der Mitte. Hier versank er blamabel im Schmutz.

5

DER ORT, AN DEM HITLER VERSTAUBTE

Zeppelintribüne in Nürnberg

»... dass die Bezeichnung ›Schweinestall‹ noch zu gelinde ist« – Augenzeugenberichte schildern die Reichsparteitage und die Aufmärsche der NSDAP vor der Zeppelintribüne als unrühmliche Aktionen.

Adresse Zeppelinfeld, Zeppelinstraße, 90471 Nürnberg, Mittelfranken **GPS** 49.43159, 11.12502 **Anfahrt** Mit der S 2 bis Nürnberg Frankenstadion, mit der Tram 6 oder dem Bus 36 bis Nürnberg Doku-Zentrum oder mit dem Auto die Regensburger Straße, dann die Hans-Kalb-Straße und schließlich rechts auf die Zeppelinstraße fahren.

»STADT DER REICHSPARTEITAGE« Auf diesen Beinamen ist heute kein Nürnberger stolz. Denn die Propagandaschauen der Nationalsozialistischen Deutschen Arbeiterpartei (NSDAP) gaben der Frankenmetropole diese Bezeichnung. Erstmals 1927 und 1929 in Nürnberg abgehalten, wurden die Reichsparteitage ab 1933 bis zum Kriegsausbruch ein jährliches Event, an dem die gesamte deutsche Bevölkerung teilnehmen sollte. In Massen. Und tunlichst mit Begeisterung.

KRIMINELLER MACHTANSPRUCH Am 30. Januar 1933 war Adolf Hitler (1889–1945) zum Reichskanzler ernannt worden. Eine Entscheidung mit schrecklichen Folgen. In Nürnberg – wie in ganz Deutschland – wurden die demokratisch gewählten Volksvertreter gewaltsam verdrängt. Nürnbergs Oberbürgermeister Hermann Luppe (1874–1945) wurde erst in Schutzhaft genommen, dann zwangspensioniert und die Nürnberger SPD-Stadträte geradewegs in das KZ (Konzentrationslager) Dachau deportiert. Bis zum Herbst des Jahres 1933 hatte man in Nürnberg alle unliebsamen Personen des öffentlichen wie des gesellschaftlichen Lebens entmachtet oder skrupellos entfernt. Nach dieser verbrecherischen Machtübernahme zementierten die Nationalsozialisten ihren Machtanspruch quasi auch architektonisch. Erstmals im Oktober 1934 legte Albert Speer (1905–1981), Hitlers neuer Lieblingsarchitekt, hierfür ein Gesamtkonzept vor. Verwirklicht werden sollte ein gigantisches Bauvorhaben auf einem elf Quadratkilometer großen Areal im Südosten von Nürnberg. Denn das Gelände des Dutzendteiches und die Parkanlage Luitpoldhain galten hierfür als perfekt.

GIGANTOMANIE Geplant waren auf dem sogenannten Reichsparteitagsgelände: die Kongresshalle für Tagungen der NSDAP, der Luitpoldhain für Massenaufmärsche von SS (Schutzstaffel) und SA (Sturmabteilung), die Große Straße als zentrale Achse, das Deutsche Stadion für nationalsozialistische Kampfspiele und das Märzfeld als Manövergelände der Wehrmacht. Der zentrale Austragungsort für die Inszenierungen der Parteitage jedoch sollte eine Wiese am Ufer des Dutzendteiches werden. »Zeppelinfeld« wurde die Wiese seit der spektakulären Landung eines Luftschiffes des Grafen von Zeppelin im Jahr 1909 genannt.

DIE ZEPPELINTRIBÜNE In kürzester Zeit entstand hier eine quadratische Anlage aus Beton und Ziegelmauerwerk, mit naturweißem Travertin verkleidet – das einzige Bauwerk des Reichsparteitagsgeländes, das tatsächlich fertiggestellt und genutzt wurde. Die Anlage wurde ausgerichtet auf eine 360 Meter lange Haupttribüne mit davorliegender Aufmarschstraße. Das Zentrum dieser Tribüne bildeten ein erhöhter Ehrengastbereich mit einer herausragenden Rednerkanzel und eine riesige, weit sichtbare Hakenkreuzskulptur darüber. Das Innere schmückte eine acht Meter hohe Halle aus Marmor und Goldmosaiken, der heute sogenannte »Goldene Saal«. Begrenzt wurde die Anlage auf drei Seiten durch Zuschauertribünen, die mit 34 turmartigen Bauten ver-

Heute ruinös und baufällig, während der Reichsparteitage das Klo

sehen waren. Diese Türme hatten auf ihren Dächern Halterungen für Fahnenmasten und verbargen im Inneren Toiletten für die ca. 200.000 möglichen Teilnehmer – sozusagen Gloria außen und Pragmatismus innen.

PFUSCH AM BAU Auf Hochtouren begann man im Frühjahr 1935 mit den Arbeiten. Man schüttete in Windeseile Erdwälle für die Zuschauertribünen auf, ließ Jurastein, Travertin und weitere Baumaterialien anliefern und beauftragte die Steinmetze, die Steine eiligst zu bearbeiten und bruchfeucht zu verbauen. Exzessiv wurde in Doppelschichten gearbeitet, meist zehn Stunden am Tag, sogar am Sonntag. Aus diesem Grund war die Anlage bereits im September 1935 zum Reichsparteitag nutzbar und im Laufe des Jahres 1937 weitgehend fertiggestellt. Jedoch mit folgenschweren baulichen Mängeln. Der Vorteil jedoch: Rasant, wenn auch gepfuscht, war eine beeindruckende Architekturkulisse für die Reichsparteitage entstanden. Und die angebrachten Dekorationen und Requisiten wie Eisenkränze mit Hakenkreuzen, Goldmosaiken oder riesige Feuerschalen perfektionierten noch den gewünschten imposanten Eindruck. Zusätzlich sollten aufsehenerregende Events Eindruck schinden. Deswegen gab es sportliche und tänzerische Vorführungen, Appelle und Aufmärsche. Und als besonderes Highlight fürs Auge einen gigantischen Lichtdom, eine Lichtarchitektur, die aus über 150 Flakscheinwerfern bestand und senkrecht in den Himmel strahlte. Um die Ohren zu erfreuen, quasi als letztes i-Tüpfelchen, beschallte man die Menschenmenge schließlich noch mit hochmodernen Lautsprecheranlagen. Die Süddeutsche Telefon-Apparate, Kabel- und Drahtwerke A.G. Nürnberg (Te-Ka-De) betitelte den Lautsprecher in ihrem Werbeheft deshalb auch als »unser[en] Freund«. Wo immer auch die Besucher der Reichsparteitage sich aufhielten, »der Lautsprecher«, so das Heftchen, »verband sie mit dem Freudenquell und es darf gesagt werden, dass nicht zuletzt dadurch diese wundervolle Stimmung und das Gefühl der Zusammengehörigkeit aufkommen konnten«.

Die Zuschauertribünen von Westen mit Treppenaufgängen und vielen Klohäuschen

EINE EINZIGE KATASTROPHE Doch die Wirklichkeit war eine ganz andere. Vandalismus und chaotische Zustände waren die Norm. Die Teilnehmer urinierten an Mauern, Tribünen oder in Unterführungen. Sie beschädigten die Massenquartiere oder vermüllten die Versammlungsareale. Das kehrte man aber tunlichst unter den Teppich. Lediglich intern äußerte man sich dazu und fertigte Berichte an. So hielt man über die Politischen Leiter und ihre bewohnten Unterkünfte während des Reichsparteitages im Jahr 1936 fest: »Dieser Gau in der Flurstraße bot in Bezug auf Sauberkeit einen verheerenden Anblick, dass die Bezeichnung ›Schweinestall‹ noch zu gelinde ist. […] in allen Ecken und Nischen lagen Speise-, Wurst- und Käsereste, Zigarren- und Zigarettenstummel sowie sonstiger Unrat herum, die einen derartigen Gestank verbreiteten, dass einem beim Betreten der Räume schlecht wurde.« Nicht nur das. Auch organisatorische Pannen, verpatzte Choreografien, chaotische und peinliche Aufmärsche waren die Regel. Eine Notiz von 1938 berichtet: »Der Fackelzug der Politischen Leiter hat, wie im vorigen Jahr, wieder nicht geklappt. Für die Teilnehmer war es ein gemeinsames Wettrennen. Der Musikzug konnte während des Fackelzuges einfach nicht spielen, weil es ihm nicht möglich war, das Tempo zu halten. Der Fackelzug der Politischen Leiter war einfach eine Katastrophe. Die meisten Politischen Leiter sind überhaupt nicht dahinter gekommen, dass sie beim Führer vorbeimarschierten.«

UND HITLER VERSTAUBT Am peinlichsten jedoch dürfte die Tatsche gewesen sein, dass selbst Adolf Hitler die Paraden und Aufmärsche wenig glanzvoll überstand. Denn die vielen Teilnehmer, die unterhalb der Haupttribüne entlangmarschierten, wirbelten Staub in Massen auf. Man versuchte zwar, durch enorme Mengen an Staubbindemitteln und durch Wassersprengfahrzeuge die Dreckwolken in Zaum zu halten – vergeblich! »Als die Wehrmacht vor dem Führer in Parade vorbeimarschierte, wirbelte sie Staubwolken auf, die sich auf das Unangenehmste für den Führer sowie die Tribünenbesucher bemerkbar machten«, so der Erfahrungsbericht des Tiefbauamtes vom 29. September 1937. Was für ein Desaster! Adolf Hitler versank unrühmlich im aufgewirbelten Dreck.

Der Goldene Saal ist nur mittels Führungen zu besichtigen.

Geschichte für alle

Das ehemalige Reichsparteitagsgelände kann mit dem Verein Geschichte Für Alle erkundet werden. Am Ende des Rundgangs geht es hinein in den Goldenen Saal der Zeppelintribüne. Bemerkenswerterweise betritt man ihn heute durch die ehemalige Damentoilette (www.geschichte-fuer-alle.de).

6

KEIN HEITERER HIMMEL

Flakstellung bei Fischbach

»Wegen Einberufung geschlossen! Wiedereröffnung nach Friedensausbruch!« Ein Schild, das man an keiner Klassenzimmertür finden möchte. Und doch: Im Zweiten Weltkrieg wurden Schüler zum Kriegsdienst herangezogen und als Flakhelfer verheizt. Eine Spurensuche bei Fischbach.

Adresse Forsthof, Amtmannsbrücklein 6, 90475 Nürnberg, Mittelfranken **GPS** 49.41914, 11.17742 **Anfahrt** Mit dem Bus 56 bis Nürnberg Am Hartgraben oder mit dem Auto bis zum Parkplatz Lorenzer Wald bei Fischbach fahren.

Verlassen und mitten im Wald liegen heute noch die eingestürzten Bunker.

KRIEGSFÜHRUNG AM HIMMEL Schon im 19. Jahrhundert lag Krieg in der Luft. Denn bereits damals war der Luftraum zunehmend zum wichtigen Teil des Schlachtfelds geworden. Während des Deutsch-Französischen Krieges (1870–1871) hatte man versucht, mit Abwehrkanonen Fahrzeuge in der Luft wie Ballone oder Militärluftschiffe herunterzuholen. Im Zweiten Weltkrieg (1939–1945) war der Raum in der Luft noch wichtiger geworden. Für eine erfolgreiche Kriegsführung war er nun sogar entscheidend. Einer der essenziellen Angriffsorte für die Bomberschwärme der Alliierten war Nürnberg. Die zentrale Lage der Stadt, ihre florierende Rüstungsindustrie, aber auch ihre symbolische

Die letzten Überbleibsel der Flakstellung aus Beton- und Backstein

Bedeutung als »Stadt der Reichsparteitage« machte sie für die britische und die amerikanische Luftwaffe zu einem vordringlichen Ziel. Um sich vor diesen Angriffen zu schützen, wurden von den Nazis in Nürnberg – wie in anderen Großstädten – Heimatflakbatterien aufgebaut. Sie bildeten um die Stadt und ihre Nachbarorte einen Gürtel aus Stellungen mit Flugabwehrkanonen (Flaks) der Luftwaffe. Dabei waren die Nürnberger Bodenstellungen zusammengefasst im sogenannten Flak-Regiment 93.

BUNKER IM WALD Kaum jemand, der heute in der Nähe des bezaubernden Eisweihers bei Fischbach spazieren geht und die herrliche Natur auf den Trampelpfaden genießt, wird vermuten, dass immer noch Relikte einer solchen Stellung aus dem Zweiten Weltkrieg mitten im Wald zu finden sind. Doch verlässt man die Waldwege, stößt man etwas versteckt auf ein Wirrwarr aus verwitterten Betonsockeln, aufgeworfenen Erdwällen oder Resten von Backsteinmauern. Es sind die ruinösen Überbleibsel der Flakstellung mit ehe-

Dort, wo Teenies heute ihr Graffiti hinterlassen haben, mussten Kinder im Zweiten Weltkrieg dienen.

mals 16 Flugabwehrkanonen vom Kaliber 8,8 Zentimeter, einst integriert in eine Bunkeranlage.

VOM PAUSENHOF INS VERDERBEN Eine Gänsehaut verursacht dabei das Wissen, dass hier auch Jugendliche als Flakhelfer ihren Dienst versehen mussten. Man mag es sich gar nicht vorstellen, aber ab 1943 ersetzten deutschlandweit um die 200.000 Teenies die fehlenden Soldaten, die man »für den Endkampf« an die osteuropäische Front versetzt hatte. Was für die Schüler wie ein aufregendes Ferienabenteuer begann, endete schnell in einer schrecklichen Katastrophe. Hellmut B., Nürnberger Oberschüler und Flakhelfer in Fischbach, berichtet in seinem Kriegstagebuch am 15. Februar 1943 noch begeistert von der Anreise: »… und dann ging's mit Gesang in Begleitung eines Wachtmeisters und 2 Unteroffizieren zur Straßenbahn.« Angekommen an den Flakstellungen und in die Technik eingewiesen, schossen die Schüler anfangs noch naiv nach oben, um feindliche Luftangriffe abzuwehren. »Doch dass auch was von oben runterkommt, daran hatten wir nicht gedacht«, erinnerte sich Richard K., ein weiterer Nürnberger Pimpf, in einem Zeitungsartikel.

AUS HEITEREM HIMMEL Und auch bei Hellmut, dem abenteuerlustigen Oberschüler, kippte die coole Stimmung in der Fischbacher Flakstellung schnell. Denn schon am 8. März 1943 wurden sie gezielt durch alliierte Luftangriffe bombardiert. »Wir verbrachten die Zeit mit Kartenspielen und Singen. […] Wir wollten noch etwas vorlesen, da wurde schon Fliegeralarm gegeben. […] Das Folgende ist rasch geschehen. Ein ganzer Schwarm Leuchtbomben erhellte die Stellung wie Tageslicht, darauf einige Sprengbomben, ein Volltreffer in unseren Gefechtsstand und unsere Batterie musste das Feuer

Eine Sprengbombe hat einen Krater im Waldboden hinterlassen.

einstellen. […] Durch die Splitterwirkung wurden […] 4 Luftwaffenhelfer getötet. […] Ein furchtbares Gefühl, neben den (toten) Kameraden stehen zu müssen, mit denen man einige Stunden vorher noch zusammen gesungen hatte.« Ein schlimmes Erlebnis, das man niemandem wünscht. Schon gar nicht Schülern!

Am Tatort

Nicht weit von den Überresten der Flakstellung entfernt erinnert ein aufgestellter Stein (GPS 49.42429, 11.17735) an einen hier begangenen grausamen Meuchelmord. Am 25. September 1917 wurde Gendarmerie-Vizewachtmeister Ludwig Weber von »ruchloser Hand« erschossen. »Die Verletzung war […] so schwerer Natur, dass der Tod alsbald eingetreten ist«, so der damalige Obduktionsbericht. Der Mörder konnte nie gefasst werden.

Genau hier, an dieser Stelle, fielen die tödlichen Schüsse.

Bröckelndes Mauerwerk und blinde Fensterscheiben verraten:
Diese Fabrik wurde dichtgemacht. (Kapitel 8)

STILLGELEGT

7

DER GEISTERBAHNHOF

Bahnhof Märzfeld in Nürnberg

Verriegelt, zugemauert und dem Verfall schutzlos ausgeliefert – so präsentiert sich heute ein wichtiger, weil authentischer Bauzeuge der Opfer der Nazizeit. Ein haarsträubender Lost & Dark Place!

Adresse Lübener Straße 30, Stadtteil Langwasser, 90471 Nürnberg, Mittelfranken **GPS** 49.41051, 11.13590 **Anfahrt** Mit der U 1 bis Scharfreiterring, mit dem Bus 55 bis Annette-Kolb-Straße oder mit dem Auto über die Breslauer Straße in die Groß-Strehlitzer-Straße fahren.

Der Zustand dieses wichtigen historischen Bauzeugen ist einfach nur zum Jammern.

UNZUGÄNGLICH Man muss sich heute schon strecken und den Hals verdrehen, um einen Blick auf den Bahnhof Märzfeld werfen zu können. Es scheint, als sollte dieser finstere Bahnhof – der, gigantisch geplant, erstmals im Jahr 1938 in Betrieb genommen, jedoch nie vollendet wurde – unbedingt vergessen werden. Erst hatte man seinen Namen im Jahr 1957 dezent in Bahnhof Langwasser umbenannt und dann am 26. September 1987 den Personenverkehr an dieser Haltestelle komplett eingestellt. Und so liegt er heute gespenstisch, marode und versperrt im Südosten Nürnbergs. Kaum jemand mehr weiß um die schreckliche Geschichte dieses authentischen Bauzeugen der Nazizeit, auch wenn einzelne Institutionen wie die Medienwerkstatt Franken gegen das Vergessen ankämpfen. Denn der Bahnhof ist ein Tatort, der von der Not der Opfer des Nationalsozialismus erzählen kann – und deshalb unbedingt erhaltenswert.

MARODE Der unwissende Passant wird die einsturzgefährdete Unterführung unter dem Bahnhof nichts ahnend durchschreiten und sich höchstens über den schlechten Zustand wundern. Ein verschmutzter Gitterkäfig, der sich mittig komplett durch den gesamten Tunnel zieht, trennt Fußgänger und Fahrradfahrer. Provisorische Holzkonstruktionen stützen die baufällige Decke der Unterführung. Massenweise ist der Beton heruntergebrochen, und die ehemaligen Zugänge zum Bahngleis sind vermauert. Nur der mittlere ist vergittert, mit Ketten versperrt und bietet einen kleinen Ausguck nach oben. Dabei präsentiert sich das sichtbare Stückchen des oberen Bahnsteigs komplett zugewachsen und verwahrlost. Das ist kein Ort, der Freude macht!

HERZLICH WILLKOMMEN Das war jedoch einmal anders, zumindest während der Reichsparteitage der Nationalsozialisten. Zu diesem Anlass kamen die begeisterten Menschen in Massen und vor allem mit der Reichsbahn nach Nürnberg. Um den Andrang bewältigen zu können, errichtete man deshalb eigens diesen Bahnhof, praktischerweise in der Nähe des Märzfelds. Man wollte vor allem den Zugang zu den Zeltlagern und Baracken für SS (Schutzstaffel), SA (Sturmabteilung), Wehrmacht und HJ (Hitlerjugend) erleichtern und eröffnete den Bahnhof sogar noch vorzeitig in der Bauphase im Jahr 1938.

REISE IN DEN TOD Doch schon bald nach Kriegsbeginn 1939 diente der Bahnhof dazu, Kriegsgefangene und Zwangsarbeiterinnen nach Nürnberg zu bringen oder fränkische Juden in Vernichtungslager zu transportieren. »Aussiedlung« und »Juden-Evakuierung« waren dabei die verschleiernden Begriffe in den Organisationsanweisungen. Im Schatten des Weltkrieges begann das systematische Morden an der jüdischen Bevölkerung. So war am 29. November 1941 das Konzentrationslager im lettischen Riga das Ziel. Ein Überlebender, damals zwölf Jahre alt, erinnert sich: »Wir waren 1000 Menschen. Wir stiegen in unseren Zug ein, der noch von gestern dastand. Nach einer Stunde fuhren wir ab. Wasser hatten wir keines. Infolgedessen hatten alle sehr Durst. […] Wir fuhren drei Tage und drei Nächte mit Durst.« Der nächste Transport von wieder fast 1000 jüdischen Franken fand am 24. März 1942 statt. Ziel war dieses Mal das polnische Ghetto Izbica bei Lublin, jedoch nur als vorübergehende Zwischenstation auf dem Weg in die Vernichtungslager Betzec und Sobibor. Noch heute existiert ein Foto von dieser grausamen Verschleppung aus Nürnberg nach Izbica. Darauf erkennt man fünf elegant gekleidete Menschen, ins Gespräch vertieft. Sie wirken so entspannt, man könnte fast meinen, dies sei der Beginn eines wunderschönen Ausflugs. Aber man weiß es ja besser. Der Transportlader im Hintergrund, das viele Gepäck und die seltsamen Schilder um den Hals der Reisenden sprechen für sich, und die Quellen belegen es: Es war eine Reise in den Tod. Keiner dieser armen Menschen überlebte die furchtbare »Aussiedlung« nach Izbica.

Geisterbahnhof Nummer zwei

Einen weiteren Geisterbahnhof gibt es an der Brücke Klenzestraße zu sehen. Eingeschlagene Fensterscheiben, keine Bahnsteige … auch das ein Anblick zum Gruseln!

Auch bei schönstem Sonnenwetter ist dieser Bahnhof zum Fürchten.

Hinter diesem heruntergekommenen Gemäuer wurden einst die schönsten Spiegel fabriziert.

8

GROSSFEUER, BOMBEN UND EIN GESPENST

Spiegelfabrik Winkler & Kütt in Fürth

Der Ort, an dem heute die legendäre Kofferfabrik ihr subkulturelles Zuhause hat, ist das letzte authentische Stückchen Fürther Industriegeschichte. Und ein Schauplatz vieler schicksalsschwerer Ereignisse.

Adresse Lange Straße 81, Oststadt, 90762 Fürth, Mittelfranken **GPS** 49.46829, 11.00746 **Anfahrt** Mit der U 1 bis Stadtgrenze oder mit dem Auto über die Fürther Straße bis zur Finkenstraße, dann in die Lange Straße fahren.

EINE ZEITKAPSEL Man sieht und spürt es sofort: Hier in der Lange Straße ist allerhand passiert. Als Vereinigte Spiegelglas-Fabriken im 19. Jahrhundert errichtet, ist das heute ruinöse Fabrikgelände mitten in Fürth ein wahrhaftiger Lost Place. Man rätselt über Schienen, die im Nirgendwo enden. Bestaunt markanten Splittputz, der wie wild von der Fassade bröckelt. Oder steht betroffen vor altem Ziegelsteingemäuer und wünscht sich, es hätte mehr als lediglich nur eine ruinös in den Himmel aufragende Außenmauer. Ist man erst einmal hier, lässt einen dieses monumentale Dokument ferner Zeiten einfach nicht mehr los.

DIE VORINDUSTRIELLEN ANFÄNGE Die Geschichte beginnt im 18. Jahrhundert mit der Familie Winkler, die in Fürth erfolgreich Spiegelglas herstellen ließ. 1829 gründete Christian Winkler ganz offiziell eine Firma. Als typischer Unternehmer der damaligen Zeit kaufte er rohe Gläser von Glashütten, ließ sie von heimatlichen Mühlen schleifen und polieren und von seinen Arbeitern daheim fertigstellen. Ob Vater, Mutter oder Kind und Großmutter, sie alle fertigten in Heimarbeit die heiß begehrten Spiegel. Der *Jahresbericht der Königlichen Gewerb- und Handelsschule zu Fürth in Mittelfranken* aus den Jahren 1856/57 beschreibt anschaulich die Arbeitsschritte, aber auch die gesundheitlichen Gefahren. So musste im ersten Schritt das Glas mit Zinnfolie belegt werden. Darauf wurde aus einer hölzernen Schüssel flüssiges Quecksilber gegossen, mit einem echten Hasenfuß verteilt und mit einer Rolle aus Flanell glatt

Durchs Fenster erblickt man die ruinöse Außenmauer. Heute scheinen sich Pflanzen auf ihr heimisch zu fühlen.

gestrichen. Man wusste schon damals: »Das Belegen ist eine heikle Arbeit [...]. Bekanntlich ist das beständige Umgehen mit Quecksilber der Gesundheit gefährlich und kann sogar den Tod bringen.« Ein Ende setzte diesem hochgiftigen Arbeitsprozess schließlich der Stiefsohn von Christian Winkler. Zusammen mit Georg Miederer und dem Chemiker Justus von Liebig gelang Ludwig Winkler die Entwicklung des Silberbelegverfahrens – ein Segen für die Gesundheit und ein Glück für den weiteren Erfolg. Denn im Jahr 1887 gründeten Friedrich Winkler und Andreas Rudolf Kütt die Vereinigten Spiegelglas-Fabriken Winkler & Kütt und ließen in der Lange Straße das Fabrikgelände errichten.

DIE ERSTE KATASTROPHE Die allerersten tragischen Spuren hinterlässt ein Brand am Montag, den 19. Oktober 1931. Es ist exakt 2.13 Uhr, als bei der »hießigen Freiw. Feuer-

Faszinierend ist dieses Potpourri aus altehrwürdigem Fabrikgelände, notgesichertem Dach und nacktem Ziegelgemäuer.

wehr« die Nachricht eingeht, die ganz Fürth in helle Aufregung versetzt: »Großfeuer!« Die Vereinigten Spiegelglas-Fabriken brennen lichterloh! Als die drei Löschzüge mit den Motorspritzen und der großen Automobil-Drehleiter schließlich am Brandort eintreffen, hat das Feuer schon den ganzen Dachstuhl des Gebäudes in Besitz genommen. Fürther Zeitungen werden am nächsten Tag ausführlich darüber berichten: »Hoch und unter weithin sichtbarer starker Rauchentwicklung schlugen die Flammen längs des mit zehn Dacherkern besetzten Dachstuhles in den lichten Tag, was natürlich binnen kurzem eine große Menschenmenge an der Brandstelle versammelte […].« Nach dreistündigem, angestrengtem Arbeiten »mit überlegener Umsicht und großer Bravour« waren die Flammen endlich gelöscht. Der Dachstuhl des lang gestreckten Fabrikgebäudes blieb jedoch verkohlt und vollständig ausgebrannt zurück. Die darunterliegenden zwei Stockwerke mit den Schleif- und Poliermaschinen waren glücklicherweise nur teilweise beschädigt, und der übrige Betrieb der Spiegelfabrik schien sogar komplett schadlos geblieben zu sein.

ENDE EINER ÄRA Und doch war dieses Ereignis ein Schritt in Richtung »Aus! Äpfel! Amen!«. Denn dieser Brand war wie ein Dolchstoß in das bereits geschwächte Herz der Spiegelglas-Manufaktur – bereits geschwächt durch Inflation, die Weltwirtschaftskrise und verpasste Modernisierungsmaßnahmen. Und vor allem dadurch, dass Spiegel zum Repräsentieren und Angeben nun nicht mehr en vogue waren. 1933 schließlich, zwei Jahre nach diesem verheerenden Brand, war ganz Schluss mit der Firma Winkler & Kütt. Die Epoche der einst so erfolgreichen Spiegelfabrik war zu Ende.

KOFFER UND BRANDBOMBEN Trotzdem baute man das vom Brand verwüstete Vorderhaus wieder auf. Ja, man erweiterte das Gebäude sogar um ein drittes Stockwerk. Ein schlauer Schachzug. Denn die im Jahr 1919 gegründete und erfolgreiche Kofferfabrik Bermas fand diese renovierte Immobilie äußerst reizvoll. Und so vermietete man die Gebäude im Jahr 1932 an den Hersteller von Koffern und Gamaschen, Treibriemen, Schultaschen, Pferdegeschirren und Damentäschchen. Mit der Kofferfabrik kam auch

↑ Einsam herausragende Balken zeigen: Hier führt keine Treppe mehr nach oben.
↗ Genau an dieser Stelle soll das Gespenst sein Unwesen getrieben haben.

der Erfolg zurück, wenn auch nicht der Segen. Denn mit Wilhelm Schneider, dem Firmeninhaber von Bermas, zog auch das Hakenkreuz ein. Als am 21. Februar 1945 beim Großangriff auf Nürnberg Brandbomben auf das Fabrikgelände fielen und große Teile zerstörten, wird die ehemalige Spiegelfabrik unwiederbringlich zum Lost Place. Die klaffenden Wunden, die der Weltkrieg dem Ensemble zugefügt hatte, wurden in den Folgejahren nur dürftig mit Notdächern geschlossen … wenn überhaupt.

EIN LOST PLACE WIRD VERLASSEN Nicht nur der ruinöse Zustand war zum Jammern. Auch dass in der zweiten Hälfte des 20. Jahrhunderts die Bermas zuerst stückchenweise in die Oberpfalz zog und dort insolvent ging, machte das Fabrikgelände zu einem Häufchen Elend. 1999 überlegte man sogar, dieses nur notdürftig wiedererrichtete, aber einmalige Industrieensemble ganz abzureißen. Zum Glück jedoch war 1994 das privat geführte Kulturzentrum Kofferfabrik hier eingezogen. Ein Ort, an dem sich herausragende Literaten, Kabarettisten oder Musiker wie Harry Rowohlt, Matthias Egersdörfer oder Al Di Meola das Mikrofon in die Hand gaben. Und dazu beitrugen, dass dieses Gemäuer nicht von allen guten Geistern verlassen wurde.

EIN RÄTSELHAFTER POLTERGEIST Darf es hier, am Ende des Berichtes über diesen faszinierenden Ort, noch ein bisschen gespenstisch werden? Ja? Dann verrate ich Ihnen ganz exklusiv die Geistergeschichte, die mir Udo Martin – erfolgreicher Chef der Kofferfabrik und stolzer Besitzer des Ehrenbriefes der Stadt Fürth – anvertraut hat. Wohlgemerkt, es gibt dazu keine archivalischen Quellen aus der Vergangenheit. Ausschließlich diesen aufregenden Augenzeugenbericht: Oft, wenn Udo Martin tagsüber in den leeren Music Club Raum gegangen sei, habe er eine Gänsehaut bekommen. »Merkwürdige Sachen sind da passiert … ganz seltsame. Mal sind Dinge verschwunden oder tauchten an einem anderen Ort wieder auf.« Der intellektuelle Feingeist bat daraufhin eine hochsensible Freundin, doch mal nachzuspüren. Nach intensiver Kontaktaufnahme berichtete sie von einer unglücklichen Seele. Der Geist einer jungen Waisen sei ihr begegnet und habe ihr Folgendes erzählt: Sie habe um 1900 gelebt und wäre hier in der Spiegelfabrik ungewollt schwanger geworden. Man habe sie hier ermordet, in ein Fass gesteckt und in der nahen Pegnitz versenkt. »Pissig« sei sie auf all die Freude, die hier nun herrsche. Udo Martin machte schließlich dem Spuk des verirrten Geistes ein ruhiges Ende und engagierte eine Geistheilerin, die »3 Tage zu tun hatte, bis alles draußen war«. Was für ein einzigartiger Ort!

KofferCandleLightLiteraturDinner

Nach all den Tragödien braucht es Freude: Die Kofferfabrik hat auch eine Wirtschaft mit Biergarten. Es gibt nicht nur »Happy Schnitzel« und »Lucky Burger«, auch das Herz von Veganern wird glücklich. Versprochen! Und beim KofferCandleLightLiteratur-Dinner zeigt die Küche, was sie »auf der Pfanne« hat, garniert mit Literatur und manchmal mit Musik (www.kofferfabrik.cc).

Stillleben aus Stühlen.
Wer mag wohl einst auf diesen Sitzmöbeln gesessen haben?

9

ÜBERLEBEN UM JEDEN PREIS

ABC-Bunker in Nürnberg

Wie oft ist man schon bei einem Stadtbummel in Nürnberg an dieser unscheinbaren Metalltür vorbeigegangen! Beachtet hat man sie nie. Doch heute ist sie der spannende Treffpunkt für eine Exkursion an einen unterirdischen Ort, der im Verborgenen liegt.

Adresse Krebsgasse 10, Altstadt – St. Lorenz, 90402 Nürnberg, Mittelfranken **GPS** 49.44970, 11.07510 **Anfahrt** Mit der U 2 oder U 3 bis Opernhaus, mit der U 1 bis Lorenzkirche oder mit dem Auto bis zum Kornmarkt fahren.

Durch diese riesige Tresortür geht es hinunter in den unterirdischen Bunker.

EXPEDITION IN DIE TIEFE Und da ist er auch schon: Ralf Arnold, der Vorsitzende des Fördervereins Nürnberger Felsengänge. Gemeinsam mit ihm werde ich diesen geheimnisvollen Lost Place unter der Erde erkunden. Eine steile Treppe führt in die Tiefe. Doch was an deren Ende auf mich wartet, bereitet mir Gänsehaut: Eine riesige, quadratische und nach außen gewölbte Metalltür ist halb geöffnet, mit Kabeln versehen und wird von Kameras beobachtet. Vier riesige Schließhebel an der Innenseite machen mir ohne viel Klimbim bewusst: Dahinter geht es nur noch um das nackte Überleben. Diese dicke Tür soll einen im Notfall luftdicht und unüberwindbar vom Rest der Welt abschirmen. Wie gut, dass heute schwere Ketten das versehentliche Zufallen dieser Panzertür verhindern.

DIE NACKTEN FAKTEN Der Kalte Krieg machte es nötig: Man nutzte eine – als private Mehrzweckhalle geplante – Tiefanlage in der Krebsgasse und baute von 1964 bis 1977 einen ABC-Bunker ein, einen Schutzkeller vor atomaren, biologischen und chemischen Gefahren. Im Falle eines Atomkrieges sollte dieser Ort eine Zuflucht für die Bevölkerung sein. Doch lediglich um die drei Prozent der Nürnberger hätten im Notfall tatsächlich Schutz in einer solchen Bunkeranlage finden können. So war der Bunker in der Krebsgasse nur für ein Überleben von maximal 1885 Menschen ausgelegt, quasi eine Existenz auf engstem unterirdischem Raum. Denn auf Klaustrophobie erzeugenden 2000 Quadratmetern stand für jeden Menschen nur ein halber Quadratmeter zur Verfügung. Das hätte bedeutet, in Schichten schlafen und sitzen zu müssen, und das für nur 14 kurze Tage. Danach hätte die ausgefeilte Technik der fünf Notstromaggregate und der Luftfilteranlagen das Überleben nicht mehr sichern können und wohl die todbringende Rückkehr an die verseuchte Oberfläche nötig gemacht.

ALBTRAUM-RUNDGANG Es tröstet, dass dieser ABC-Bunker zu keiner Zeit benutzt werden musste. Und doch hat man beim Besichtigen der mehrstöckigen Anlage in zehn Meter Tiefe das Gefühl, immer wieder auf menschliche Spuren zu treffen. So sind einige der mausgrauen Plastikvorhänge zugezogen, die zwischen den zweistöckigen Etagenpritschen angebracht wurden, als hätte hier jemand ein bisschen Privatsphäre gesucht … und doch nicht gefunden. Man versucht, sich das Überleben hier auf engstem Raum vorzustellen. Generalstabmäßig wäre es geregelt gewesen: acht Stunden schlafen auf einer dieser ungemütlichen Pritschen, 16 Stunden sitzen auf einem der engen Stühle. Schrecklich! Auch beim Blick in die sanitären Räume stellen sich einem die Nackenhaare auf. Für einen Moment überkommt einen das Gefühl, in dem Thriller »Psycho« gelandet zu sein. Der Gummivorhang ist schon da, nur schützt er hier den Blick auf die nostalgische Toilettenschüssel mit Ziehknauf und Wasserbehälter unter der Decke. Eine Tür sucht man vergeblich. Denn sie hätte sich bei einer Detonation verziehen und den Klo-Insassen einsperren können. Und obwohl die Toiletten und auch die eng gereihten Waschbecken nie benutzt wurden, die braunen Verfärbungen könnten nicht unappetitlicher sein. In der Notküche und den Abstellräumen stehen sie immer noch bereit, die wichtigen Alltagsgegenstände wie Plastiklöffel und -becher, Decke, Seife, Handtuch … doch wo sind scharfe Messer und spitze Gabeln? Als mir bewusst wird, dass dieser Zufluchtsort tatsächlich der allerletzte und der psychische Druck nicht für jeden aushaltbar gewesen wäre, mache ich es den zufällig konservierten Schuhabdrücken im Betonboden nach … und flüchte Richtung Ausgang.

Auf »Schöner Wohnen« wurde in diesem Bad verzichtet. Bewertung: null Sterne.

Ein besonderes Erlebnis

Ob versteckte Bunker, kilometerlange Stollen oder rätselhafte Wehrgänge: Mit dem Förderverein Nürnberger Felsengänge lässt sich Nürnbergs mysteriöse Unterwelt professionell erkunden. Mein besonderer Tipp: »Plumpsklo trifft Ziehbrunnen« (www.unterwelten-nuernberg.de).

»Rapunzel, lass dein Haar herunter!«, möchte man beim Anblick des Turmes sofort rufen … wäre da nicht seine Geschichte!

10

DER BEOBACHTUNGS-POSTEN DER NAZIS

Franz-Köhl-Turm im Forst Tennenlohe

Ein Türmlein steht im Walde ganz still und stumm … Wenn es berichten könnte – die Nackenhaare würden einem zu Berge stehen.

Adresse Franz-Köhl-Turm, 90562 Forst Tennenlohe, Landkreis Erlangen-Höchstadt, Mittelfranken **GPS** 49.54478, 11.05651 **Anfahrt** Mit dem Bus 290 (Richtung Waldkrankenhaus) bis Tennenlohe Kirche fahren, dann zu Fuß. Oder mit dem Auto über die A 3, Ausfahrt 84-Erlangen-Tennenlohe, bis Am Reiterhof fahren, weiter zu Fuß auf dem Winkelschleifweg und dem Grenzweg bis zur Dormitzer Straße.

VERBORGEN Einer der schönsten Türme Frankens steht ganz versteckt im Sebalder Reichswald auf dem Gründlacher Berg. Wer ihn zu suchen weiß, wird ihn finden – zufällig ist er hingegen nur schwer zu entdecken.

DEM MITTELALTER ENTSPRUNGEN? Abseits der befestigten Wege im Tennenloher Forst, umgeben von hohen Bäumen und immergrünem Heidekraut, erhebt sich der etwa sieben Meter hohe, runde Turm auf einer kleinen Anhöhe. Ganz still und stumm steht er in einem Waldstückchen, eingerahmt von namenlosen Schotterwegen. Er besitzt alle Attribute eines vorbildlichen Mittelalterturmes und ist so schön, dass er dem Märchen von Rapunzel entsprungen sein könnte. Unregelmäßig große Sandsteinquader bilden seine Rundung. Kleine Schießscharten und quadratische Fensterchen raunen einem zu: »Wir sind zwar nur gemauertes Trompe-l'Œil, dafür aber täuschend echt.« Und eine ausladende Brüstung sowie Zinnen mit einem Geländer ganz oben laden zum Erstürmen ein. Was heute nicht mehr möglich ist, denn die Eisenleiter, deren Überreste noch zu erkennen sind, wurde aus Sicherheitsgründen entfernt. Wie geschaffen für Rapunzel, um an diesem märchenhaften Ort ihr Haar herunterzulassen. Man fragt sich unweigerlich: Ist dies ein architektonischer Überrest aus der Welt der Ritterburgen und des Minnesangs?

LEBENSGEFAHR! Wenig romantisch hingegen sind die in seiner Nähe aufgestellten großen Schilder mit der deutlichen Warnung »Lebensgefahr! Absolutes Betretungsverbot außerhalb der befestigten Wege! Das gesamte Gelände ist aufgrund seiner historischen Nutzung mit Munition und sonstigen Kampfmitteln belastet.« Keinesfalls sollte man diese Hinweise ignorieren und die Pfade verlassen. Dies hier ist kein Ort, um Pilze oder Blaubeeren zu sammeln. Tatsächlich ist es ein Lost Place, an dem sich heute noch scharfe Mörsergranaten und andere Sprengmunition im Boden verstecken.

KRIEGERISCHE NUTZUNG Denn »um die Schlagkraft [des Heeres] zu erhöhen und die schießtechnische Ausbildung aller Waffen« (zitiert aus der 3. Lesung der Militärvorlage vom 16. Juni 1893) voranzutreiben, entstanden Ende des 19. Jahrhunderts an vielen Orten Übungsplätze. Auch die 440,9 Hektar große Fläche des Sebalder Reichswaldes nördlich von Nürnberg wurde in dieser Zeit als militärischer Exerzier- und Schießplatz angelegt. Perfekt für die spätere Wehrmacht, die 1935 die Waldfläche übernahm, davon 195 Hektar rodete und diese bis 1937 zum Standortübungsplatz Tennenlohe ausbaute. Ein ausgezeichnetes Gebiet für Schießübungen mit Artillerie und Granatwerfern für die Soldaten aus dem Erlanger Kasernengelände. Der Krieg konnte kommen.

DIE NAZIS ÜBEN Um die Wehrmachtsübungen sicher und von einem erhöhten Standpunkt aus überwachen zu können, er-

In diesem fränkischen Wald kann Blaubeerenpflücken tödlich sein.

richtete man den heute so romantisch wirkenden Beobachtungsturm und gab ihm den Namen eines Kriegshelden. Franz Köhl (1886–1976), Hauptmann im Ersten Weltkrieg unter General Paul von Lettow-Vorbeck (1870–1964), hatte die damalige deutsche Kolonie Südwestafrika verteidigt, danach der Reichswehr in Nürnberg und Fürth angehört und war schließlich in den Feldzug nach Russland gezogen, wo er in Gefangenschaft geraten und erst 1955 nach Erlangen zurückgekehrt war. Mit einem zauberhaften Märchen hat das alles nichts zu tun.

DIE ROMANTIK ZERBRÖCKELT Auch die Tatsache, dass dieser Beobachtungsposten der Nazis genau zu der Zeit errichtet wurde, als man die Nürnberger Gesetze beschloss und damit die Diskriminierung und Verfolgung der jüdischen Bevölkerung legitimierte, lässt einem die Nackenhaare zu Berge stehen. Ein militärischer Beobachtungsposten der Nazis, erbaut, als dem Antisemitismus eine juristische Grundlage gegeben wurde: Mit diesem Wissen über all die historischen Hintergründe zerfallen die romantischen Gefühle beim Anblick des schönen Franz-Köhl-Turmes zu Staub.

US-Übungsgelände

Nicht weit vom Franz-Köhl-Turm entfernt gibt es eine Kreuzung mitten im Wald, die ein ähnliches Schaudern erzeugt. Denn die hier am Boden angebrachten riesigen Betonplatten lassen heute noch erkennen, dass das Gebiet für weitere militärische Kampfhandlungen genutzt wurde. Nach dem Zweiten Weltkrieg wurde das Gelände zum Standortübungsplatz der US-Garnison Erlangen. In den Erlangener Ferris-Barracks hatte man Einheiten der 2nd Brigade der 1. US Panzerdivision stationiert. Um das scharfe Schießen zu üben, beschlagnahmten die amerikanischen Streitkräfte deshalb zu dem bereits vorhandenen Übungsgelände der Wehrmacht zusätzliche 2880 Hektar Wald. »Local Training Area Tennenlohe« war die inoffizielle Bezeichnung der Amis. Range 6 stellte dabei die größte Schießbahn und wurde von schweren Panzerkampfwagen für Manöverübungen genutzt.

Lieber nicht allzu neugierig sein und den Wanderweg verlassen. Denn man könnte auf eine Granate treffen.

Überbleibsel einer eisernen Leiter zeigen:
Der Sandsteinturm konnte einst erstürmt werden.

11

EINE FABRIK IM DORNRÖSCHENSCHLAF

Ventilkegelfabrik Dietz & Pfriem in Lauf

Ein Traum für alle Lost-Places-Fans ist dieses Ensemble schönster Industriearchitektur aus dem letzten Jahrhundert. Stillgelegt, verlassen und vor allem: unverändert! Also nichts wie hin mit Profikamera und zweitem Akku.

Adresse Siechartstraße 5–25, 91207 Lauf an der Pegnitz, Nürnberger Land, Mittelfranken **GPS** 49.50996, 11.27731 **Anfahrt** Mit der RB 30 oder der RB 31 bis Lauf (rechts der Pegnitz), mit der S 1 bis Lauf (links der Pegnitz) oder mit dem Auto über die B 14 bis Lauf a. d. Peg., dann die Nürnberger Straße bis zur Turnstraße fahren.

Die absoluten Topmodels sind diese drei Grazien: die Spindelpressen in der Gesenkschmiede.

Eine stillgelegte Fabrik im unveränderten Originalzustand: Für einen Lost-Place-Fan gibt es nichts Schöneres!

ROST, ÖL UND VIELE FOTOMOTIVE Einladend steht das Eingangstor weit offen. Aber viel lieber möchte man an der kleinen, verschlossenen Pforte rechts daneben auf den alten Klingelknopf drücken. Und voller Vorfreude warten, bis der Firmenbesitzer höchstpersönlich herannaht, um einen freundlich einzulassen. Um das zu erleben, hat man sich jedoch um ein gutes halbes Jahrhundert verspätet. Aber einem wahren Lost-Places-Fan macht das gar nichts aus. Im Gegenteil! Denn ganz oben auf der Wunschliste jedes Enthusiasten verlassener Orte steht das Erkunden von alten, stillgelegten Fabriken. Und dieses hier vorgestellte Beispiel aus der Zeit der Hochindustrie kann sich nicht nur sehen lassen. Hier besteht auch die einzigartige Möglichkeit, eine ausgiebige Fototour zu unternehmen, die Location frei zu erkunden und in Ruhe ausgefallene Fotomotive abzulichten. Und das Besondere: Der heutige Baubestand der Fabrikanlage katapultiert einen in die späten 1930er-Jahren zurück.

BENZ, FIAT UND GELÄNDEGÄNGIGE UNIMOGS Im Jahr 1911 erwarben Hugo Dietz (1881–1957) und Otto Pfriem in Lauf an der Pegnitz Gebäude aus dem 19. und teilweise sogar 18. Jahrhundert, die direkt am Fluss lagen. Die beiden Fabrikanten gründeten hier die erfolgreiche Fabrik Dietz & Pfriem, die bis 1991 Ventilkegel für Motoren verschiedenster Größe und Art herstellte. Fahrzeuge von Firmen wie Benz, Jaguar oder Fiat, aber auch Unimogs oder BMW-Motorräder fuhren mit Ventilen von Dietz & Pfriem. Eine Weltfirma in einer fränkischen Kleinstadt war entstanden, die Geschäftsbeziehungen in Europa, ja sogar auf dem ganzen Globus hatte. Ob in Finnland oder Hongkong: Ventilkegel von Dietz & Pfriem aus Lauf waren beliebt. Deswegen reichte der Platz bereits wenige Jahre nach dem Erwerb der historischen Gebäude nicht mehr aus. Und so ließ man durch den Architekten Robert Kappler in zwei Bauphasen (1915–1918 und Mitte der 1930er-Jahre) Erweiterungsbauten errichten.

SCHMIEDE, SCHLEIFEREI UND BEHEIZBARES KABUFF Betritt man heute das Firmengelände, so taucht man im wahrsten Sinne des Wortes in eine verwunschen wirkende Fabrikwelt ein. Viele der Maschinen stammen aus der Zeit des Zweiten Weltkrieges und davor. Ab den 1970er-Jahren wurde nämlich nicht mehr in die Firma investiert, und 1991 wurde sie komplett stillgelegt. Deshalb wirkt es, als würde man Dornröschen höchstpersönlich einen Besuch abstatten. Alles scheint hier in einen 100-jährigen Schlaf gefallen zu sein: Ob im Stahllager, in der Gesenkschmiede, in der Dreherei oder Schleiferei, ob in der Packerei oder im Kabuff, überall sind Spuren der hier einst hart arbeitenden Menschen zu erkennen.

Der Geruch von Öl und Ruß macht diesen Lost Place einmalig.

RADIERGUMMI, EIMER UND NACKTE SCHÖNHEIT Alles ist so belassen worden, wie man es bei der Stilllegung vorgefunden hatte. Der neben der Tür aufgehängte schmutzige Arbeitskittel des Meisters lässt einen beim Eintreten in die Maschinenhalle instinktiv Ausschau halten – weit entfernt kann er schließlich nicht sein. Und auch Arbeitshandschuhe oder Schutzbrillen liegen noch neben den Maschinen, als wären die gestressten Arbeiter nur einmal kurz ausgetreten, um draußen vielleicht die früher beliebten HB-Zigaretten aus dem Automaten zu ziehen. Schließlich machte es anno dazumal, in den 1960er-Jahren, das cholerische Zeichentrickmännchen Bruno mit seinem Slogan erfolgreich vor: »Halt, mein Freund! Wer wird denn gleich in die Luft gehen? Greife lieber zu HB! Dann geht alles wie von selbst.« Und tatsächlich, da hängt er, der uralte Zigarettenautomat mit den Metallschubläden und den Aufschriften darüber: HB, Krone und Co. Ein perfektes Lost-Place-Fotomotiv, denn wo findet man heute noch so ein schönes Exemplar aus längst vergangenen Tagen? Beim Stöbern nach weiteren begehrten Motiven für die Kameralinse lassen sich viele feine Details entdecken: Zettelwirtschaften, die mit Radiergummi und Bleistiften willkürlich zu einem chaotischen Stillleben angeordnet sind. Schrankaufkleber, die mit Sprüchen wie »Bitte nicht helfen. (Allein ist es schon mühsam genug!)« amüsieren. Oder die obligatorisch nackten Schönheiten auf den Werkstatt-Kalendern, die im Jahr 1991 dornröschengleich eingeschlummert sind. Dazu kommen uralte, verbeulte Eimer und noch ältere Putzlappen, die nicht sehr würdevoll ergraut sind.

NOSTALGIE AN ALLEN ORTEN Und erst recht lassen die vielen einsamen Industrieräume das Herz jedes Besuchers begeistert in die Höhe hüpfen. Am schönsten ist es, man

Hier muss sich jemand an der Spindel gestochen haben, denn alles scheint in einen hundertjährigen Schlaf gefallen zu sein.

Zu schön, um wahr zu sein: ein Prachtstück von Wendeltreppe, umrahmt von alten Fenstern!

folgt bei seinem Rundgang den ehemaligen Produktionsschritten des Ventilkegels. Dazu geht es erst einmal hinunter in den Keller. Ein handgeschriebener Zettel mit der Aufschrift »Bitte Türe zumachen« ist an die alte Tür genagelt. Ist man der Aufforderung gefolgt, steht man erstaunt im ehemaligen Stahllager, quasi im unteren Geschoss des zweistöckigen Industriegebäudes, das in den 1930er-Jahren in die Pegnitz hineingebaut wurde. Hier wurde das Ausgangsmaterial aufbewahrt: Stahlstangen von mehreren Metern Länge in den verschiedensten Stärken und Legierungen. Einige Wand- und Bodenständer sind heute noch mit den riesigen Stangen beladen. Alleine in diesem Keller findet der Lost-Places-Fotograf ein Sammelsurium wunderbarer Fotomotive. Da stehen uralte Gerätschaften wie eine große Waage, eine Trennmaschine oder ein Schleifbock und warten nur darauf, abgelichtet zu werden. Aber auch ein Fahrschacht aus dem Jahr 1937 der Otis Aufzugwerke Berlin ist sehr fotogen. Der abgeplatzte Putz, das alte Ziegelmauerwerk oder die fleckigen Spuren des unvermeidlichen Hochwassers, das hier bis zu den Fenstern ansteigen konnte, lassen alles verlassen und vergessen wirken. Und nostalgische i-Tüpfelchen gibt es auch. Da wäre eine uralte, elektrische Klingel mit Klöppel und Metallkörper. Oder Verteilerkästen mit Porzellanknöpfchen und handschriftlichen Vermerken. Eine wahre Fundgrube und zugleich das Highlight dieser Foto-Tour ist die Gesenkschmiede. In deren Räumlichkeiten wurde der Kegelrohling durch Stauchen und Pressen ausgeformt. Beim Eintreten knirscht die alte Metalltür in den Angeln, und der Geruch nach Öl, Metall und Ruß beamt einen in vergangene Zeiten. Die Stars vor der Kamera sind hier drei wunderschöne Spindelpressen und die gusseiserne Wendeltreppe im Nebenraum.

BIER, WERTE UND EIN LANGES GESICHT

Heute kaum vorstellbar, aber in der Firma Dietz & Pfriem gab es einst weder einen Betriebsrat noch Akkordarbeit, dafür in der Mittagspause Bier, oder man bekam frei, wenn die Ehegattin erkrankte. Erich Dietz war ein Firmenchef mit »alten Werten«. Es herrschte ein persönliches und familiäres, aber auch patriarchalisches Betriebsklima. Eine Stempeluhr war deshalb nicht nötig. Dafür wurde die Arbeitszeit viel subtiler kontrolliert. Pünktlich nach Arbeitsbeginn wurde nämlich das Tor geschlossen. Wer zu spät kam, musste an dem anfangs erwähnten Klingelknopf läuten und auf das Herannahen des Firmenbesitzers warten. Ein freundliches Lächeln wird Herr Dietz beim Einlassen jedoch damals wohl kaum auf den Lippen gehabt haben.

Industriemuseum

Da Erich Dietz (1908–1991), der letzte Firmenbesitzer, keine Kinder hatte, verfügte er zu Lebzeiten, dass seine Fabrik in den Besitz der Stadt Lauf übergehen und als Industriemuseum eröffnet werden sollte. Aus diesem Grund ist es heute möglich, diese komplett erhaltene, original ausgestattete und nahezu unveränderte Fabrikanlage zu besichtigen. Auf dem ca. 3600 Quadratmeter großen Gelände, das idyllisch an der Pegnitz liegt, befinden sich fünfzehn denkmalgeschützte Gebäude. Schmiedevorführungen, Mitmachaktionen und eine historische Roggenmühle am rauschenden Bach lassen die Herzen von Industrie-Fans höherschlagen (Mi–So 11–17 Uhr, www.industriemuseum-lauf.de). Einzigartig!

↓ Auch auf dem Kalender ist die Zeit stehen geblieben.

↘ Dieses schöne Mühlrad klappert heute noch an der rauschenden Pegnitz.

12

DIE RÄUBERHÖHLE IM REICHSWALD

Steinbruch Ohrwaschl im Dormitzer Forst

Mitten in einem Steinbruch im finsteren Wald, dort, wo sich auch heute noch Hase und Fuchs gute Nacht sagen, befand sich einst eine beliebte Spelunke für trinkfreudige Wilderer.

Adresse Ohrwaschl, 90562 Dormitzer Forst, Landkreis Erlangen-Höchstadt, Mittelfranken **GPS** 49.56241, 11.07198 **Anfahrt** Mit dem Auto über die A 3 bis Ausfahrt Erlangen-Tennenlohe fahren, dann der Äußere Nürnberger Straße/B 4 bis zum Parkplatz Turmberg folgen, weiter zu Fuß.

Der letzte Rest der ehemaligen Kaschemme, des in Verruf geratenen Wirtshauses

»SANDBÜCHSE DES REICHES« – so wurde Nürnberg humorvoll im Mittelalter bezeichnet. Denn die vom Kaiser häufig besuchte Handelsstadt umgab ein fast 32.000 Hektar großes Waldgebiet mit ausgedehnten Sanddünen und Sandsteinfelsen. Bis Mitte des 15. Jahrhunderts lieferte der Reichswald mit seinen Bäumen das Baumaterial für die in Nürnberg und Umgebung üblichen hölzernen Fachwerkbauten. Ein kostbarer Waldbestand, der geschützt und erhalten werden musste. Und so begann man im 16. Jahrhundert, den Massivbau aus Stein zu fördern. Der Rat der Stadt Nürnberg ermahnte seine Untertanen, »so viel möglich, zu Erspahrung des Holzes, von Steinen zu bauen«. Ein erfolgreicher Appell. Alleine im Jahr 1595 sollen um die 50.000 Steine nach Nürnberg geliefert worden sein. Kein Wunder, dass die »Sandbüchse des Reiches« schließlich um die 30 Steinbrüche besaß. Einer davon lag tief im Tennenloher Forst, dort, wo sich heute die Wanderwege von Neunhof nach Dormitz und von Kalchreuth nach Erlangen kreuzen.

HARTE ARBEIT Noch bevor man den ehemaligen Steinbruch betritt, kann man erkennen, dass hier einmal ein Buckel war, der in Handarbeit mühevoll abgetragen worden sein muss. Heute befindet sich dort eine Mulde im Wald. Scharfkantige Sandsteinfelsen zeigen: Hier war der Mensch am Werk. Es waren die Steinbrechmeister, die mit einfachen zweispitzigen Hacken von oben kleine Blöcke des Gesteins abtrugen, bis eine kleine, aber tiefe Grube entstanden war. In die natürlichen Spalten des Sandsteins trieben sie dann Eisenkugeln oder Keile und sprengten so einzelne Blöcke ab, die in die Grube fielen. Noch jetzt liegen einige Quader in dieser urtümlichen Natur umher. Sie erinnern an diese einst so mühevolle und schweißtreibende Arbeit.

FEUCHTFRÖHLICHE ZECHEREI Heute macht es große Freude, herumzustromern und diesen ehemaligen Steinbruch genauer zu erkunden. Das Highlight dieses verlassenen Ortes ist der pittoreske Felsenkeller, dessen Eisentür schief in den Angeln hängt und in dem Bier zum Kühlen gelagert wurde. Er erinnert daran, dass aus diesem Steinbruch 1865 ein Örtchen aus mehreren Gebäuden geworden war, bestehend aus einer Wohnung, einem Stadel, einer Stallung, einer Schmiede und einer Sommerlaube. Der Kalchreuther Chronist Ernst Bayerlein weiß es ganz genau: Steinbrechmeister Horlamus hatte den Steinbruch mit all den Gebäuden an Johann Meyer verkauft. Dieser richtete eine Bierwirtschaft ein und schlug deshalb einen Bierkeller in den kühlen Sandstein. Ein beliebtes und gerne besuchtes Ausflugsziel war entstanden. Zum Beispiel für brave Bürger wie Hans Walter Schmidt. In den 1950er-Jahren berichtete der damals hochbetagte Franke begeistert in den Erlanger Heimatblättern: »Ich sehe noch heute im Geist genau den Wirt hinüber zu der kleinen Pforte des in den Sandstein gehauenen Felsenkellers eilen, um ein Fässchen

Hier, genau an dieser Stelle, wurde der dicke Michel von Dieben überfallen.

Gerstensaft zu feuchtfröhlichem frischen Anstich herüberzurollen.«

EIN RÄUBERLAGER ERWACHT Die einsame Lage des Wirtshauses tief im Wald zog nicht nur sittsame Menschen an, sondern auch finstere Gesellen. Wilderer, Holzräuber und Vogelfänger fühlten sich hier pudelwohl. So sehr, dass das Forstamt schließlich mitteilte: »Der Steinbruch ist das Asyl für die schlechtesten Elemente der Arbeiterschaft der ganzen Umgebung geworden.« Im Jahr 1912 ist es dann so weit: Das Ohrwaschl wird unwiederbringlich zu einem Lost Place. Das anrüchige Wirtshaus wird geschlossen und zusammen mit allen übrigen Gebäuden abgerissen. Nur der Bierkeller, der steht bis heute. Welche Räuberpistolen er wohl erzählen könnte?

Noch mehr Räubergeschichten

Gleich mehrere grausame Räubergeschichten sind beim Fuhrmannstein (GPS 49.539831, 11.035123) verbürgt. 1421 das erste Mal erwähnt, gilt er als das älteste Denkmal im Sebalder Reichswald. Mehrere Überfälle und sogar ein Mord im Jahre 1437 sind hier dokumentiert. Benannt ist er nach dem Fuhrmann dicker Michel, der hier 1584 von drei Räubern überfallen und ausgeraubt wurde.

Da steht sie in all ihrer vergänglichen Pracht:
die Dampfspeicherlok der Firma Orenstein & Koppel aus dem Jahr 1919.

13

ENDSTATION SEHNSUCHT

Historische Dampfspeicherlok in Kriegenbrunn

Eisenbahn-Romantik pur: Auf und neben einer stillgelegten Bahnstrecke in Kriegenbrunn stehen ausgediente Schätzchen des Schienenverkehrs. Der ehemalige Sammler verrät hier erstmals seine Geschichte … exklusiv!

Adresse Kriegenbrunner Straße 50, Kriegenbrunn, 91056 Erlangen, Mittelfranken **GPS** 49.55942, 10.95173 **Anfahrt** Mit dem Bus 281 bis Kriegenbrunn Feuerwehrhaus, mit dem Auto auf der A 3 bis Ausfahrt Erlangen-Frauenaurach, dann die Herzogenauracher Straße und die Pappenheimer Straße bis zur Kriegenbrunner Straße fahren.

»BITTE ALLE AUSSTEIGEN!« Was für ein Lost Place! Die rostige, eingleisige Schmalspur, die einen an der Altaurach beim Spazierengehen des Weges begleitet, wird wildromantisch von Dornensträuchern überwuchert. Der ruinöse Zustand zeigt deutlich: Hier dampft schon lange keine Lokomotive mehr vorbei. Der letzte reguläre Personenzug auf dieser Bahnstrecke zwischen Erlangen-Bruck und Herzogenaurach fuhr am 28. September 1984. Komplett stillgelegt wurde die Strecke aber erst elf Jahre später. Die Aurachtalbahn, wie sie auch genannt wurde, war als Nebenbahn untergeordneter Bedeutung errichtet worden. Schrankenanlagen, Bahneinfriedungen oder eine Bahnbewachung waren deshalb nicht nötig gewesen und hatten den Unterhalt der Bahn relativ kostengünstig gehalten.

DIE SENSATION Eröffnet wurde die Strecke am 16. April 1894 durch eine Nassdampflokomotive der Gattung D VII der Bayerischen Staatsbahn. Ihre Besonderheit: Sie führte

↓ Vorsicht auf der Schiene! Kein Zug fährt mehr, dafür ranken sich wilde Sträucher.

↘ Auf dem Abstellgleis! Oder: Unbefugten ist das Mitfahren verboten!

Kohle- und Wasservorräte in seitlichen Behältern mit. Ein heute noch erhaltenes Foto zeigt sie in ihrer ganzen Schönheit mit den stolzen Bahnangestellten davor.

ENDSTATION Folgt man nun den verwilderten Gleisen, erreicht man schließlich einen besonderen Streckenabschnitt mitten im Dörfchen Kriegenbrunn. Wie Dornröschen scheint dieser Platz in einen Schlummer gefallen zu sein. Durch eine vermooste Bahnhofsbank wachsen kräftige Sträucher. Ein mechanischer Zugzielanzeiger erinnert voller Nostalgie daran, dass ein Eilzug um 16.45 Uhr abfährt. Ziel? Unbekannt! Ein Fernsprecher, eine runde Rauchkammertür mit der Aufschrift 415.25, ein Schienentraktor von Breuer Typ IV D und Rudimente eines kleinen Niederbordwagens haben alle Rost ansetzt. Doch vor allem die Dampfspeicherlok, die mitten auf den Gleisen zerfällt, berührt das Herz, und man fragt sich: Sind das hier vergessene Überreste eines kleinen Privatmuseums?

Einst so fleißig, pfeift die Lok heute nicht einmal mehr aus dem letzten Loch.

SAMMELSTÜCKE Was man heute noch an diesem stillgelegten Streckenabschnitt bewundern kann, geht auf die Sammelleidenschaft eines einzigen Mannes zurück. Roland Friedrich bezeichnet sich selbst als »gnadenlosen Eisenbahn-Freak«. Ursprünglich besaß er sieben museal erhaltungswürdige Fahrzeuge, so eine elektrische Rangierlok E6302 mit 1000 PS, 1935 von AEG Berlin gebaut, oder eine moderne Dieselkleinlok Köf III, 332 157-7, Baujahr 1965, Hersteller O & K. Auch mehrere Kleinloks mit Ölmotoren, Bauart Köf II, erworben zum Teil von Baustoffwerken, zum Teil aus dem Güterbahnverkehr der Deutschen Bahn (DB). Und sogar einen Schienenbus, diesen leichten, zweiachsigen Verbrennungstriebwagen auf Schienen.

EIN KRAFTWERK MACHT DAMPF Als Mitglied im Verein Dampfbahn Fränkische Schweiz erfuhr Roland Friedrich einst, dass das Kraftwerk Franken 1 in Gebersdorf seine Dampfspeicherlokomotive verkaufen wollte. Die Lok war im Jahr 1919 als Standardmodell von der renommierten Firma Orenstein & Koppel (O & K) erbaut worden und hatte über viele Jahre ihren Dienst auf dem Kraftwerksgelände geleistet. Für das Kohlekraftwerk war die Lok ein ideales Fahrzeug –

»nix Schnelles, sondern ein Zweckgerät« –, denn im Werk entstand Dampf, den man mittels eines Schlauches ins Innere des zu ca. zwei Dritteln mit Wasser gefüllten druckdichten Kessels beförderte. Dadurch erhitzte sich das Wasser, bis es anfing, Dampf zu produzieren. Um die Wärmeableitung so gering wie möglich zu halten, war der Dampfdruckkessel unter seiner Außenverkleidung sehr dick isoliert. Die Rangierlok konnte so mit einer Füllung je nach Belastung bis zu einem Tag bewegt werden.

Und doch schlägt das Eisenbahnerherz bei ihrem Anblick sofort höher.

DAS ABENTEUER Eine Mitfahrgelegenheit für das neu erstandene Objekt der Begierde bot sich, als die Dampfbahn Fränkische Schweiz (DFS) die Überführung einer Lokomotive plante. »Da ham sie meine Lok halt einfach mitg'nommen.« Spät nachts, als keine Züge der Deutschen Bahn mehr unterwegs waren, machte man sich auf den Weg. Vorne die Zuglok, in der Mitte die historische Dampfspeicherlok und hinten die eigentlich zu überführende Lokomotive. Roland Friedrich war hautnah auf seiner Lok mit dabei, »denn man muss ja horchen, ob sich etwas ungewöhnlich anhört«. Für die wenigen Kilometer zwischen Gebersdorf und Kriegenbrunn brauchte der ungewöhnliche Nachtzug fast vier Stunden, schließlich konnte man nur mit 15 Stundenkilometer Geschwindigkeit die Gleise befahren. »Es war zwar ned grad warm«, erinnert sich der Sammler, »aber wenn man anständig angezogen ist, geht das scho.« Was für eine Leidenschaft! So sieht echte Eisenbahnromantik aus!

Die Wallensteinföhre

Quasi gleich um die Ecke, am Kinderspielplatz, kann man die Überreste einer ehemals beeindruckenden Baumpersönlichkeit bewundern, der »Wallensteinföhre zu Kriegenbrunn«. Da der Baum im Jahr 1972 eingegangen ist, wurde daneben ein neuer gepflanzt.

Die Bahnangestellten mit stolzgeschwellter Brust nach der Jungfernfahrt 1894

14

MIT DEM RAD DURCHS STILLE ÖRTCHEN

Fabrikgut Hammer in Laufamholz

Diesen reizvoll abgeschiedenen Ort entdeckt man nur zufällig bei einer Fahrradtour durch das östliche Pegnitztal. Von Mauern umgeben, verzaubert heute diese ruinöse Industriesiedlung, die schon im Mittelalter sehr bedeutend war.

Adresse Beim Hammerwerk 19, Stadtteil Laufamholz, 90482 Nürnberg, Mittelfranken **GPS** 49.46997, 11.16754 **Anfahrt** Mit der S 1 bis Nürnberg-Laufamholz, mit dem Bus 40 bis Nürnberg Hammer oder mit dem Auto bis zur Laufamholzstraße fahren.

Das Wirtshausschild lädt heute immer noch zur Einkehr ein. Leider vergeblich!

GOLDENES METALL Angefangen hatte alles mit einer »Mühl zu Laufenholz« –1372 wird eine solche in einem kaiserlichen Lehensbrief erwähnt. 1492 richtete man ein Hammerwerk ein, 1532 stattete man die Mühle mit sieben Rädern aus, und 1619 begann Messinghändler Georg Loos, Messing auf »niederländische Art« herzustellen, also aus Kupfer und zu Pulver gemahlenem Stein, dem »Galmei«. Dieses goldfarbene Metall war beliebt und wurde als extrem dünne Folie sogar bis in den Orient verkauft. Es ist schön sich vorzustellen, dass so mancher indische Tempel durch dieses Nürnberger Produkt in goldenem Glanz erstrahlte.

VIEL NOSTALGIE Betritt man heute das Fabrikgut Hammer, in dem man bis zur teilweisen Zerstörung im Jahr 1943 fast ununterbrochen Messingprodukte hergestellt hatte, ist man erstaunt über die gelassene und heitere Stimmung, die diese Örtlichkeit ausstrahlt. Die Arbeiterhäuschen stehen noch, auch die ehemalige Gießerei, und im Zentrum prunkt der im Jahr 1861 hier aufgestellte Obelisk. Vom ehemaligen stattlichen Herrenhaus hingegen, vom Wirtshaus und dem Bauernhof sind heute nur noch die Umfassungsmauern vorhanden. Man schlendert herum und bleibt unwillkürlich vor der Ruine des Wirtshauses stehen. Das ehemalige Wirtshausschild mit der pittoresken Aufschrift »Einkehr zum Hammer« ragt in himmlische Lüfte. Man kann sich gut vorstellen, dass es bei stürmischem Wetter einladend in den Angeln quietschte.

Bestimmt hat Margarete Brunner hier auch schon mal aus dem Fenster geguckt.

NETTE BEGLEITUNG Lassen wir uns doch ein bisschen von Margarethe Brunner durch diese besondere Industrie-Wohnanlage führen. Denn wer könnte anschaulicher die Atmosphäre und einige Gebäude beschreiben als eine Zeitzeugin, die hier den größten Teil ihres Lebens verbracht hat? Margarethe Brunner wurde 1908 im Haus Nummer 18 geboren, »direkt gegenüber dem Bauernhaus mit dem Misthaufen vor der Stalltüre«. Sie war die Tochter des Werkmeisters Johann Leonhard Brunner, arbeitete hier selbst ab 1922 bis 1972 als Kontoristin und lebte während dieser Zeit in verschiedenen Werkwohnungen. 1979 verfasste sie »Meine Erinnerungen«, die hier zitiert werden.

EIN »GASSENKIND« Gerne spielte sie »Versteck« und »Räuber und Schander« oder mit Puppen und Puppenwagen – »am liebsten vor dem ›Denkmal‹, dem Obelisk, herum. Wir wurden dabei immer wieder von unseren Müttern weggeholt, da wir durch unser Geschrei den ›Herrn‹ [Kommerzienrat von Forster, den Fabrikbesitzer] bei seinem Mittagsschlaf […] störten.« Auch ins Walzwerk ist sie gerne zum Schauen gegangen. Oder in die Gießerei. »Von dieser Arbeit war ich stets sehr beeindruckt, wenn die Männer beim Ausgießen, schwitzend, die heißen Tiegel mit den Zangen aus den Öfen herausholten und das Schmelzgut in die Formen ausgossen.« Selbst das stille Örtchen blieb ihr lebhaft im Gedächtnis: »Die Toilette hatten wir zusammen mit der Nachbarsfamilie Katheder, draußen vor dem Backöfele. Frau Katheder und meine Mutter hielten diesen Trockenabort äußerst sauber, er war stets hell gescheuert und wirklich peinlich rein.«

SCHUTT UND ASCHE So erheiternd die Kindheitserinnerungen von Frau Brunner bis jetzt waren, so düster ist ihre Erzählung aus der Zeit des Zweiten Weltkrieges: »… in der Nacht vom 27. auf 28. August 1943, ich war mit meinen Eltern in dem Keller des Herrenhauses, auch die Familie von Forster und weitere Hammerer Bewohner waren dort, war die Hölle los. Bis wir aus dem brennenden und einstürzenden Haus herauskamen, war oben schon ziemlich alles zerstört. […] Alle Möbel, Teppiche, die Ahnenbilder, sonstige Wertgegenstände, Wäsche, also Totalschaden. […] Wo man hinsah, Trümmer, Steine, Schutt […].« Ein wenig schaudernd betrachtet man die noch immer stattlich wirkenden Überreste des Herrenhauses. Und ist froh, dass das alte Gemäuer heute unter Denkmalschutz steht.

Alltag in Hammer

Im Uhrenhaus befindet sich ein klitzekleines Museum, das liebevoll das einstige Hammer'sche Alltagsleben präsentiert (Ostersonntag bis Oktober So 14–17 Uhr). Sogar einen Tisch aus dem Wirtshaus kann man bestaunen. Und ein stilles Örtchen auch!

Trümmer und Schutt sind längst weggeräumt.
Aber die Ruinen, die im Zweiten Weltkrieg entstanden, stehen noch immer (Kapitel 14).

Hier – ganz einsam und versteckt im Wald – geht es hinunter in die Sandsteinhöhle, in der ein Geist seinen Tod fand.

15

HIER STARB EIN GESPENST

Die Rattatashöhle bei Eckershof (Stein)

Eine uralte verlassene Höhle, tief unter der Erde und mitten im Wald, in der ein Gespenst zu Staub zerfallen ist: So sieht ein echter Lost Place aus.

Adresse Waldgebiet Brackerslohe, 90547 Eckershof (Stein), Landkreis Fürth, Mittelfranken **GPS** 49.38393, 10.98001 **Anfahrt** Mit dem Bus 713 ab Nürnberg Röthenbach über Großweismannsdorf nach Gutzberg (und 1,6 km zu Fuß nach Eckershof) oder mit dem Auto über die A 73, Ausfahrt Nürnberg-Königshof, weiter Richtung Stein, dann links auf der Sperbersleite bis Eckershof fahren.

EINSAM UND VERRAMMELT Wahre Geisterorte unserer Zeit sind die sogenannten Stubensandsteinhöhlen. Tief unter der Erde wurden diese Aushöhlungen einst durch Menschenhand geschaffen. Die meisten von ihnen sind heute vergessen, versperrt oder verschüttet. Eine der letzten ihrer Art ist die kaum bekannte Rattatashöhle. Auf Google Maps sucht man sie vergeblich, und auch kein Schild weist den Weg. Bekannt ist sie nur einem kleinen Grüppchen von Geologie-Begeisterten … und sehr aufmerksamen Zeitungslesern. Die verborgene Höhle, die man auch nicht zufällig bei einem Spaziergang entdecken würde, liegt im Waldgebiet Brackerslohe beim Dörfchen Eckershof, einem Gemeindeteil der Stadt Stein im Landkreis Fürth. Das erste Mal erwähnt wird »Öckershof« im Jahr 1303. Heiß begehrt scheint der Ort über die Jahrhunderte nie gewesen zu sein, denn eine große Dorfgemeinschaft konnte sich in diesem kleinen Weiler niemals bilden. So gab es laut Beschreibungen des Kartografen Johann Georg Vetter (1681–1745) im Jahr 1731 ganze zwei Anwesen. Und auch heute ist die Einwohnerzahl mit 109 im deutschlandweiten Vergleich unterdurchschnittlich. Ein einsamer Ort.

KLEINE RANDNOTIZ Doch für einen klitzekleinen Moment, im Jahr 2011, wurde die Höhle bekannt, zumindest bei aufmerksamen Tagesblatt-Lesern. Denn eine nordbayerische Zeitung berichtete in einer kurzen Notiz: »Rattatashöhle: Selbst für Gespenster zu gruselig«. Ein vergessener Lost Place? Und dazu noch unheimlich? Perfekt. Alle Voraussetzungen für einen gelungenen Ausflug sind gegeben. Ich mache mich auf den Weg. Auch das Wetter meint es grässlich mit mir. Denn Schnee und Eis, klamme Feuchtigkeit und fieser Ostwind machen dieses Abenteuer richtig ungemütlich.

GUT GERÜSTET »Ham Si a Daschnlambm mied?« Die ersten Worte von Norbert Miederer, dem stolzen Besitzer der Höhle, konzentrieren sich auf das Wesentliche; schließlich wird es gleich finster werden. Stockfinster! Elektrisches Licht gibt es im Wald natürlich nicht. Der Weg zur Höhle führt vorbei am kleinen Dorfweiher, über eine alte Landstraße und endet schnell auf einem fast zugewachsenen Pfad mitten im Wald Brackerslohe. Kiefern, Buchen und Fichten stehen wild, aber dennoch einträchtig nebeneinander und säumen einen sich schlängelnden Hügelwall. Wie aufregend, denn darunter ist sie: die Rattatashöhle.

Der Blick aus der Gruft heraus. Die Gittertür macht Fledermauseinflüge möglich.

STEIN AUS SAND Das Material der Höhle ist der von der Natur geschaffene und seit dem Mittelalter begehrte Sandstein. Zerkleinerte, abgelagerte Gesteine und Minerale verwitterten und zementierten über einen unfassbaren Zeitraum von bis zu mehreren Millionen Jahren. Diese zu Stein verfestigten Körnchen können – so der bodenkundige Diplom-Geograf Torsten Purle – mächtige geschichtete Bänke bilden. Fachleute nennen diese Gesteine Löwenstein-Formationen, Stuben- oder Burgsandsteine.

Tief unten in der Krypta ist man den melodischen Schwingungen der Erde ganz nah.

IN DER UNTERWELT Über Waldboden und glitschige Blätter geht es nun hinunter zum versperrten Eingang der sandigen Höhle. Mit einem Quietschen öffnet eine Pforte aus Metallgitter den Zugang zur Unterwelt. Warm umfängt einen die rabenschwarze Höhle, die nach geologischem Verständnis gar keine Höhle ist. Denn dieser Hohlraum entstand nicht wie der Sandstein selbst durch natürliche Prozesse, sondern von Menschenhand. Vermutlich schon vor 250 Jahren, so Norbert Miederer, hatte man hier begonnen, den begehrten Stubensandstein abzubauen und als häusliches Scheuer- und Kehrmittel für die gute Stube zu verkaufen. Bis in das Jahr 1914. Dann stellte man den Abbau ein. Um der Höhle Stabilität zu verleihen, ließen die Sander steinerne Stützen stehen. Kreuz und quer sieht man deshalb diese Träger wie Wächter in einer Krypta: runde, unregelmäßige Säulen, mal dicker, mal dünner, immer aber nach oben schön gerundet und bogenartig miteinander verbunden.

ZEITLOSER KRAFTORT Auch wenn wir uns unseren holprigen Weg in vollkommener Dunkelheit mit der Taschenlampe in der Hand nur langsam bahnen können, ein Grauen mag sich im Labyrinth der Kryptasäulen einfach nicht einstellen. Ganz im Gegenteil! Beim Erkunden der Gänge und Stollen spüre ich: Dies ist ein zeitloser Kraftort, ein Ort voller erdgebundener Energien. Die Höhle schwingt in einem gleichmäßigen Rhythmus. Die sanft tönende Stille hier unter der Erde ist vollkommen. Und das Glücksgefühl, das sich einstellt, auch. Die Orientierung habe ich im Gewirr der kurzen Gänge, kleinen Stollen und spannenden Nischen längst verloren. Ich irre durch die fast 90 Meter lange Krypta und entdecke im Licht der Taschenlampe immer wieder Überbleibsel ehemaliger Besucher. Ob unbeholfenes Graffiti von Lausbuben, kohlschwarze Rußspuren an den Wänden oder eine grün schimmernde Flasche am Boden: All das verrät, dass hier vorangegangene Höhlenforscher ihre Spuren hinterlassen haben. Sogar als Lebensretter taucht die Höhle in den Erzählungen des Eigentümers auf. Denn als Ende des Zweiten Weltkrieges die Bauern der umliegenden Dörfer befürchteten, Kriegsgefangene aus dem nahen Lager könnten umgebracht werden, versteckten sie sie kurzerhand hier im Schoß von Mutter Natur.

JAHRZEHNTE VERGESSEN In den 1960er-Jahren wird es düster um die Rattatashöhle. Erst wird sie verschlossen, dann vergessen. Und fällt in einen jahrzehntelangen Schlummerschlaf, der nur gestört wird, als im Jahr 1973 kurz Vermessungen durchgeführt werden. Danach herrscht hier wieder totengruftartige Ruhe … bis in das Jahr 2000. Da erinnert sich Norbert Miederer wieder an die bizarre Höhle seiner Kindheit. Er öffnet sie und befreit sie von allerhand Schutt und Gerümpel.

DA HILFT AUCH KEIN GESPENST Erst 2005 wird es endlich gruselig in der Höhle, denn sie wird als Drehort für einen Kinofilm genutzt. Hier im Dunklen zerfällt »Das Gespenst von Canterville« zu Staub. Und trotzdem gelingt es nicht, diesem Ort einen unheimlichen Stempel aufzudrücken. Eher einen interessanten. Klebereste an den Wänden künden nämlich noch heute von den Dreharbeiten. Der Eigentümer verrät: Die Folie für ein Wasserbassin musste festgeklebt werden. Und ein Feuerwehrwagen brachte lauwarmes Wasser aus dem nahe gelegenen Palm Beach, dem nur wenige Kilometer entfernten Freizeitbad. Schließlich sollten es die Schauspieler auch gemütlich warm haben. Als die Kameras jedoch beschlugen, mussten Armin Rohdes Kollegen mit Neoprenanzügen in kaltes Wasser steigen – zur Freude des mitgebrachten Frosches, der mit seinem eigenen Tiertrainer angereist war. Was für eine zauberhafte Höhle!

EIN SINGENDER NAMENSGEBER Den bedeutsamsten Beweis für einen Kraftort voller positiver Energie liefert schließlich der Name der Höhle selbst. Inspiriert wurde er durch Herrn Schönweiß, einen Mann aus Stein, fränkisches Original und der allerletzte Sander dieser Höhle. Er hatte so viel Spaß beim Arbeiten in dieser wundersamen Krypta, dass man ihn regelmäßig singen hörte: »Mein Herz ist rein, rattata …«. Beim Verlassen dieses kulturgeschichtlichen Denkmals aus längst vergangenen Tagen werfe ich noch einmal einen Blick zurück. Norbert Miederer ist vollauf beschäftigt, die Höhle wieder fest und sicher mit der groben Gittertür zu verschließen. Schließlich soll ihre ewige Ruhe und die der sanft schlafenden Fledermäuse nicht gestört werden. Damit dieser Ort auch künftig erhalten bleibt als einer der letzten seiner Art.

Höhlen-Exkursionen

Die Rattatashöhle kann besichtigt werden. So bieten die Volkshochschulen Zirndorf & Stein und die Stadt Stein in unregelmäßigen Abständen wiederholt Exkursionen an. Aber auch die herrliche Landschaft um die Höhle herum ist immer wieder eine Wanderung wert. Wie wäre es mit dem Gutzberger Rundweg? Er führt über wildblumenreiche Wiesen und durch herrliche Wälder. Das Schöne daran: Start und Ende ist der Gasthof Schwarzer Adler. Dort kann man den Ausflug unter anderem mit leckeren Fränkischen Bratwürsten ausklingen lassen (www.vhs-zirndorf-stein.de, www.stadt-stein.de).

Vorsicht! Die folgenden Kapitel sind nichts für zarte Gemüter.
Diese Orte sollte man nicht alleine besuchen! (Kapitel 22)

SCHAURIG

Als Nichtmediziner wagt man sich kaum die Treppenstufen des Anatomischen Instituts empor. Aus gutem Grund!

16

DER PRÄPARIERTE KOPF DES MÖRDERS

Anatomische Sammlung in Erlangen

Die Schausammlung der Anatomie der Uni Erlangen war im 20. Jahrhundert ein Rummelplatz für Schaulustige. Denn es war makabrer Brauch, vor dem Besuch der Bergkirchweih den präparierten Kopf des berüchtigten Serienmörders Karl Ebersocks zu besichtigen.

Adresse Krankenhausstraße 9, Innenstadt, 91054 Erlangen, Mittelfranken **GPS** 49.59783, 11.01009 **Anfahrt** Mit dem RE 49 nach Erlangen, mit dem Bus 30 von Nürnberg Flughafen nach Erlangen Hugenottenplatz oder mit dem Auto über die A 73, Ausfahrt Erlangen-Zentrum fahren.

PRACHTVOLL, ABER SCHAURIG Beeindruckend steht er heute da, dieser neobarocke Bau in der Krankenhausstraße 9. Erbaut im Jahr 1897, bildet er mit anderen Gebäuden wie der Pathologie gleich gegenüber quasi das Gelehrtenviertel der Friedrich-Alexander-Universität in Erlangen. Nur seine vornehme Freitreppe hochsteigen, das möchte man nicht unbedingt. Denn neben ihr hängt ein Metallschild: Anatomisches Institut der Universität. Gibt es für den Laien einen Ort, der in seiner Vorstellung unheimlicher ist? Wohl kaum. Hineinzugehen erfordert deshalb beim Nichtmediziner schon etwas Mut. In der Regel weiß man nur aus Beschreibungen, was hier geschieht. Da gibt es einmal Sektionsräume, in denen aus wissenschaftlichen Gründen die Leichen aufgeschnitten oder präpariert werden. Hier lernt der Studierende den Bau des menschlichen Körpers im wahrsten Sinne des Wortes zu »begreifen«. Und dann gibt es die anatomische Sammlung, deren menschliche Exponate als Anschauungsmaterial dienen.

AUSBILDUNG MIT LEICHEN Im 18. Jahrhundert war es für eine Medizinische Fakultät sehr wichtig, wie es um ihren anatomischen Unterricht stand. Besaß das Institut ein *Theatrum anatonicum*? Einen Ort mit steil ansteigenden Rängen, in dessen Zentrum auf dem Sektionstisch »Demonstrationen an todten Cörpern« (Zedlersches Universal-Lexikon von 1745) vorgenommen werden konnten? War die stete Leichenversorgung geregelt, oder kam es schlimmstenfalls immer wieder zu Leichenengpässen? Und wie sah es mit der Visitenkarte, der anatomischen Sammlung, aus? War sie gut ausgestattet mit anatomischen Feucht- und Trockenpräparaten, damit die Studierenden auch anschaulich lernen konnten?

»DUMPFIGER« ANFANG All diese Fragen musste die Universität in Erlangen in ihren Anfangsjahren mit einem »Jein« beantworten. Zwar gab es bereits seit der Gründung der Universität im Jahr 1743 ein Anatomisches Institut. Aber es besaß weder ein *Theatrum*, noch gab es Platz für eine Sammlung. Die Sektionen mussten in einem »dumpfigen und niedrigen Zimmer« in der ehemaligen Ritterakademie stattfinden. Und die anatomische Sammlung selbst bestand lediglich aus einem Kasten mit »3. Sceleta«. Doch schon 1754 war es dann so weit: Professor Casimir Christoph Schmiedel (1718–1792) ließ einen zweistöckigen Anbau erstellen. Nun gab es ein *Theatrum anatonicum*. Und eine Sammlung, die sich auch als solche bezeichnen konnte. Denn in den Inventarlisten nach 1754 kann man von zwei Präparateschränken und fünf Skelettschränken »auf der Anatomie« lesen. Zum Bestand dieser Sammlung gehörten ursprünglich auch pathologische, also krankhaft veränderte Organe. Heinrich Friedrich Isenflamm (1771–1828), der damalige Prosektor, sprich Leichensezierer, schrieb in einem Bericht: »Unter den pathologischen Gerippen zeichnen sich aus, ein weibliches von 16 Jahren, mit allgemeiner Osteosarkosi, und ein

Der feierliche Einzug der »Durchlauchtigste(n) Stifter« der Uni im Jahr 1743

Jedes kleinste Knöchelchen hat seine ganz eigene Geschichte.

männliches von 40 Jahren 3 ½ Schuh hoch, welches durch Rachitis merkwürdig vorgestellt ist, ferner ein männlicher Thorax auf die seltenste Art in seiner Form verändert, sodann mehrere durch Beinfrass und dgl. Knochenkrankheiten zerstörte Knochen […]« 1804 beschloss die Preußische Regierung »zu mehrerer Beförderung des medizinischen Unterrichts«, dass ein »Anatomisch-pathologische[s] Museum« entstehen müsse, und unterstützte dies jährlich mit 250 Gulden. Erfreulich für die Sammlung, die somit kontinuierlich vergrößert werden konnte: Präparate aus dem Bayreuther Naturalienkabinett, aus dem Nachlass des Arztes Georg Friedrich Hildebrandt (1764–1816) und sogar Exponate aus der 1809 aufgelösten Universität Altdorf kamen in die Sammlung und ließen die Räumlichkeiten überquellen.

DIE GERIPPE ZIEHEN UM Ein Umzug der Medizinischen Fakultät in die schöne Orangerie wurde 1826 nötig und durch Professor Gottfried Fleischmann (1777–1855) umgesetzt. In den Folgejahren trennten sich jedoch die Fachbereiche Anatomie und Pathologie und damit auch die Sammlung. Grund für die Spaltung war die zunehmende Bedeutung der Pathologie. Die großen Krankenhäuser in Paris waren dabei die Vorbilder. Und so brachte man schließlich die pathologischen Präparate in das Universitäts-Krankenhaus, die anatomischen Objekte blieben vor Ort und wurden neu geordnet und katalogisiert. Doch die Orangerie war noch lange nicht die Endstation. 1863 bezogen das Medizinische Institut und dessen mittlerweile umfangreiche anatomische Sammlung einen Neubau an der Universitätsstraße 17, die heutige »Alte Anatomie«. Und schließlich, im Jahr 1897, zog das Anatomische Institut in das prachtvolle Gebäude in der Krankenhausstraße 9.

DIE GESELLSCHAFT NAHM REGE TEIL

Für Sektion, Forschung und die anatomische Sammlung waren umfangreiche Leichenlieferungen zwingend erforderlich. Um den Bedarf zu decken, brachte man – gesetzlich geregelt – bis in die erste Hälfte des 20. Jahrhunderts die Körper verstorbener Sträflinge, Exekutierter, Selbstmörder, aber auch die Leichname von unehelichen Kindern und Armen nach Erlangen. Jedem interessierten Laien war es seit 1743 möglich gewesen, gegen einen kleinen Unkostenbeitrag an anatomischen Vorlesungen, ja sogar an Leichensektionen teilzunehmen. Großes Aufsehen erregte im Herbst 1850 der Leichnam eines Hingerichteten. Als er zur Sektion eingeliefert wurde, kam es zu großem Gedränge. Daraufhin empfahl der Dekan, »daß in der Zukunft die Leichen überhaupt, besonders aber die von Justificirten […] den Blicken des großen Publicums entzogen bleiben […]«. Die Teilnahme an einer Sektion war nun nicht mehr möglich, der Besuch der anatomischen Sammlung jedoch

Begrüßt wird man von diesem freundlich grinsenden Skelett.
Und in den Vitrinen faszinieren Präparate menschlicher Organe.

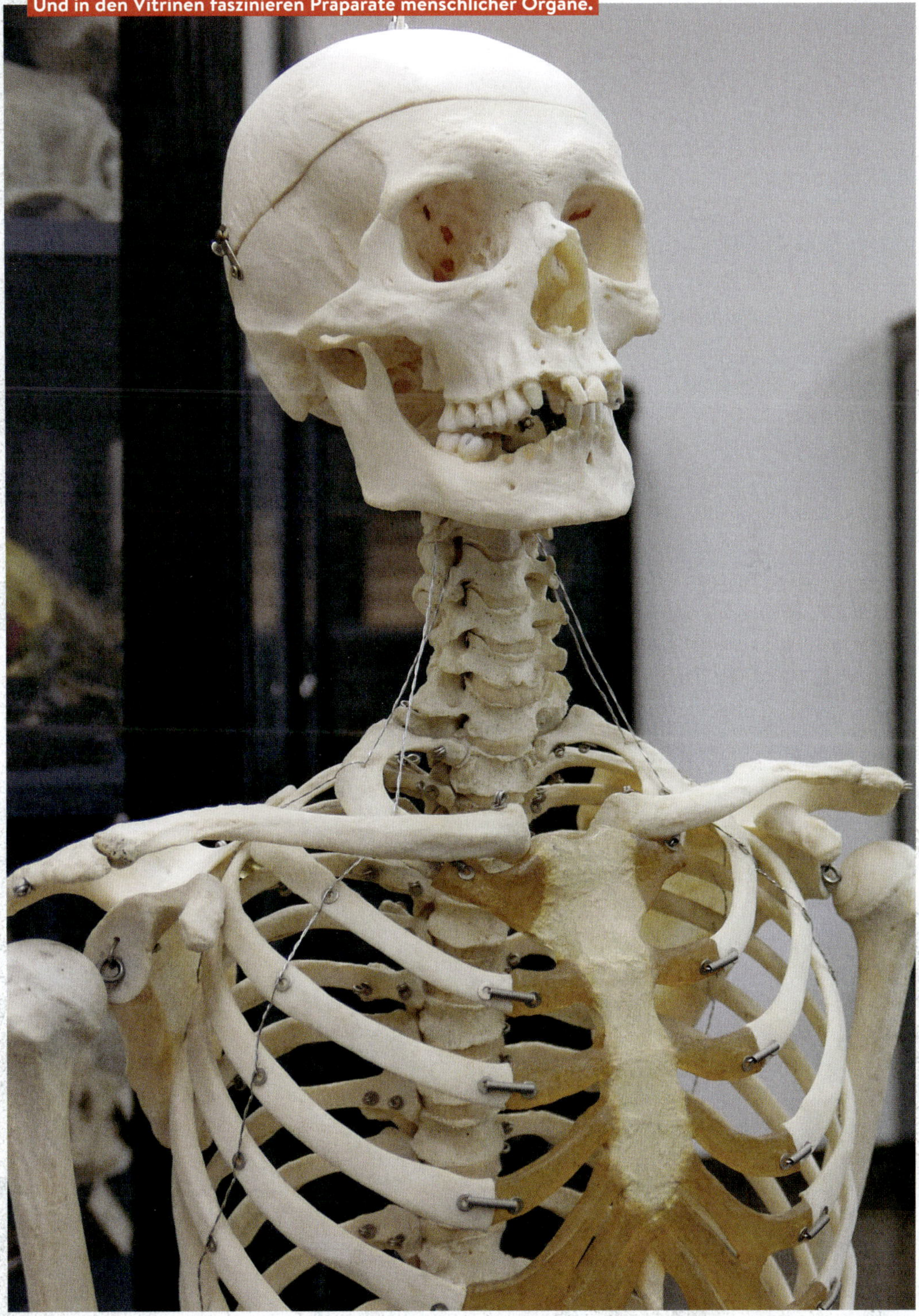

Neben all diesen Feuchtpräparaten konnte man einst auch den abgetrennten Kopf Karl Ebersocks betrachten.

schon. Dieser wurde in der Folgezeit zu einer heiß geliebten Tradition der Erlangener Gesellschaft, besonders während der Bergkirchweih.

LITERARISCHER BESUCH Womöglich ist es dem russischen Schriftsteller Konstantin Alexandrowitsch Fedin (1892–1977) zu verdanken, dass dieser kuriose Brauch bis Mitte der 1970er-Jahre anhielt. In seinem 1927 in Deutsch veröffentlichten Roman *Städte und Jahre* schickte er zuerst seinen Helden in die anatomische Sammlung zum abgehackten »Kopf des berüchtigten Mörders / Karl Ebersocks / letzte öffentliche Hinrichtung / in Nürnberg«. Und ließ seinen Protagonisten im Anschluss die Erlanger Bergkirchweih besuchen, auf der er in einer Schießbudenfigur das Antlitz des Hingerichteten wiedererkannte. Zuerst die leutselige Besichtigung des in Alkohol eingelegten Kopfes des Mörders Ebersocks und danach der bierselige Besuch der Erlanger Bergkirchweih – die Menschen strömten in Massen in die Anatomie und belustigten sich.

ENDE EINES BIZARREN RITUALS Mitte der 1970er-Jahre endete dieser makabre Brauch, da sich die Besucher immer unangemessener und taktloser verhielten. Da gab es nur eine Konsequenz: Das anatomische Museum wurde für die Öffentlichkeit geschlossen. Als es sich 1997 nach zwei Jahrzehnten für den interessierten Laien wieder öffnete, war die Ausrichtung eine gänzlich neue. Unter Prof. Dr. Winfried Neuhuber und seinen Vorgängern wurden alle Präparate, deren Herkunft nicht eindeutig gesichert war oder die aus Unrechtssystemen stammten, eingeäschert und würdevoll begraben. Auch die eingelegten Leichenteile von Hingerichteten wurden entfernt. Der Kopf des Mörders

In diesen echten Schädel sind die Areale der Phrenologie, der »Seelenlehre«, eingeritzt.

Außergewöhnlich: Dieser Mensch hatte sein Herz »situs inversus«, also mehr rechts.

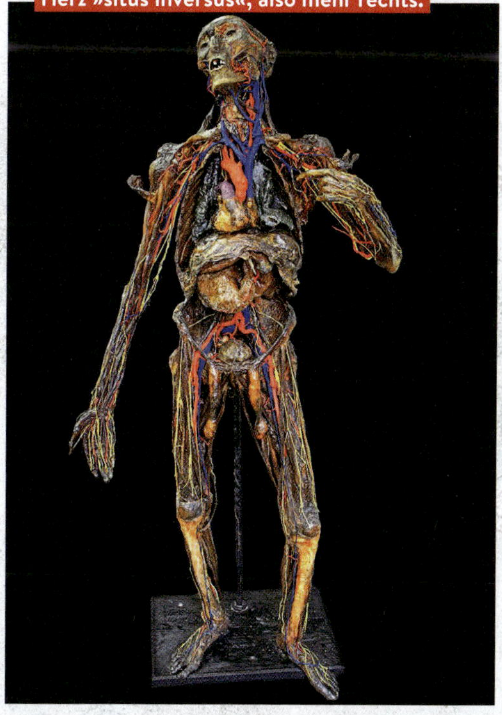

Karl Ebersocks ist heute in der Sammlung also nicht mehr zu finden.

Ein Blick »unter die Haut«

Übrigens: Wer möchte, hat zweimal im Jahr die Möglichkeit, im Rahmen des *Collegium alexandrinum* die anatomische Sammlung mittels einer Führung kennenzulernen. Und kann dabei ein bisschen von der Luft schnuppern, die sonst ausschließlich Studenten oder Fachgruppen vorbehalten ist. Man riskiert zusammen mit dem Professor im wahrsten Sinne des Wortes einen Blick »unter die Haut« oder lernt altehrwürdige Präparate kennen, die nicht nur die Wissenschaftler faszinieren. Und das alles voller Hochachtung (www.collegium-alexandrinum.de/).

17

SIE »STARB UNBEFRIEDIGT IHRES VERLANGENS«

Ehem. Sebastianspital in Nürnberg

In dieses besondere Spital wollte freiwillig niemand … weder im 16. Jahrhundert noch drei Jahrhunderte später. Bedeutete es doch, dass man zu den gänzlich hoffnungslosen Fällen gehörte. Und dieses Haus mit höchster Wahrscheinlichkeit nicht mehr lebend verlassen würde.

Adresse Großweidenmühlstraße 33, Stadtteil St. Johannis, 90419 Nürnberg, Mittelfranken **GPS** 49.45696, 11.06077 **Anfahrt** Mit dem Bus 34 bis Großweidenmühlstraße oder mit dem Auto über die Fürther Straße fahren, dann rechts abbiegen auf die Willstraße und weiter auf der Brückenstraße/Johannisbrücke bis zur Großweidenmühlstraße (Achtung: teilweise für den öffentlichen Durchgang gesperrt!) fahren.

Im 19. Jahrhundert war das »Wastl« ein trauriger Ort für mittellose, »eckelhaft erkrankte« Menschen.

UNVERKENNBAR FRÄNKISCH Fast unbeachtet steht heute das denkmalgeschützte Ensemble direkt an der Pegnitz in der Großweidenmühlstraße. Kaum einer der vorbeischlendernden Passanten wirft auch nur einen kurzen Blick auf die Gebäude aus Sandstein und Fachwerk. Woran das wohl liegen mag? Dabei haben sie doch eine wahrlich romantisch anmutende, weil typisch fränkische Ausstrahlung. Würde man die Bauten, in denen sich heute zu ihrem Glück eine Einrichtung des Sozialamtes befindet, allerdings sprechen lassen, so hätten sie viel Schauriges aus ihrer dunklen Vergangenheit zu erzählen.

DEM PESTHEILIGEN GEWEIHT Im Jahr 1528, nach 30-jähriger Bauzeit war das dringend benötigte Pesthaus, das sogenannte Sebastianspital, endlich fertiggestellt worden. Der angesehene Patrizier Konrad Topler hatte für den Bau ein Vermögen gestiftet. Und der berühmte Stadtbaumeister Hans Beheim d. Ä. (um 1460–1538) hatte sich alle Mühe gegeben. Sogar eine kleine Kapelle war 1513 errichtet worden. Geweiht war sie dem heiligen Sebastian, dem Schutzheiligen gegen Krieg, Hunger und … die Pest. Als jedoch im zweiten Markgrafenkrieg (1552–1554) viele Gebäudeteile zerstört wurden, verzichtete man darauf, die Kapelle wieder aufzubauen. Ein schlechtes Omen?

DANACH KOMMT NUR NOCH DER TOD Der Pestkranke, der im 16. Jahrhundert hier eingeliefert wurde, wusste sehr gut, dass es für ihn wahrscheinlich die letzte Station in seinem Leben sein würde. Da die Ärzte der Seuche hilflos gegenüberstanden, war die Isolation der Erkrankten die beste medizinische Hilfe … für die Gesunden. Im Laufe der Jahrhunderte, mit dem Rückzug der Pest, verfiel das Lazarett zusehends. Anfang des 19. Jahrhunderts zählte man sage und

Dieses altehrwürdige Gemäuer kann so manch Grauenvolles erzählen.

schreibe nur noch acht Betten. Genutzt wurde das heruntergekommene Haus in dieser Zeit für mittellose Kranke. Man mag sich die unzumutbaren Zustände gar nicht vorstellen. 1806 besichtigte der Kreismedizinalrat Dr. Wilhelm von Hoven (1759–1838) sämtliche Nürnberger Krankeneinrichtungen. Und war entsetzt. Diese Lazarette seien »kaum zu einem Aufenthalt für Verbrecher, vielweniger für Kranke« geeignet. Von Hoven drängte beharrlich auf Verbesserungen. Also richtete man 1813 im Sebastianspital das sogenannte Institut für unheilbar Kranke ein. Doch wirklich besser wurde es dadurch nicht. »Unheilbar Kranke«, das waren für den leitenden Arzt Ludwig Bock »sogenannte ekelhafte Kranke«, an »übelriechenden Ausflüssen« oder Fußgeschwüren Leidende, »die Blödsinnigen«, die »mit chronischen Hautkrankheiten, Krätze, Flechten, Kopfgrind Behafteten, syphilitische Kranke und Blatterkranke«. Bezeichnungen, bei denen sich einem heute die Nackenhaare aufstellen.

LIEBER TOT ALS IM SPITAL Nicht nur, dass allein die Diagnose »unheilbar« schon Hoffnungslosigkeit und Kummer versprach. Auch die Zustände im Spital waren eine einzige Katastrophe. Und sie wurden immer schlimmer. Ständig überfüllt, war die Sterblichkeitsrate immens hoch. Kein Wunder, dass der Ruf des Spitals schlecht war. »Wastl« nannten die Nürnberger die Einrichtung mit Erschauern. Freiwillig kam niemand hierher. So berichtete der *Nürnberger Friedens- und Kriegs-Kurier* am 18. November 1854: »Eine Kandidatin für den [sic!] Sebastianspital verzichtete auf die Unterbringung in dieser Anstalt, indem sie erklärte, sie sei mit dem ihr wöchentlich gereichten Almosen zufrieden und würde, falls man sie zwinge, dorthin zu gehen, lieber den Tod aussuchen.« Und in der Zeitschrift *Der Fortschritt auf allen Gebieten des öffentlichen Lebens* konnte man am 18. November 1869 lesen: »Gestern wollte eine Versorgte im Sebastianspital aufgenommene Frauensperson beim Herrn Bürgermeister sich über die Inspection beschweren, da sie aber ihr Anliegen nicht gleich vorbringen konnte, wollte sie sich zum Fenster hinunterstürzen, wurde aber rechtzeitig von zwei Polizeisoldaten zurückgehalten.«

VON ALLEN GUTEN GEISTERN VERLASSEN Die sanitären Zustände: eine einzige Tragödie. Die medizinische Versorgung: aus Kostengründen mangelhaft. Das Gebäude selbst: mit bis zu 103 Personen eindeutig überbelegt. Kein Wunder, dass der Aufenthalt in der Versorgungsanstalt, die »aufneh-

↓ Das kleine Bronzeschild erinnert an die ehemalige Funktion als Pestlazarett.

↘ Endlich gefunden: das Bernsteinzimmer! Was für eine außergewöhnliche Galerie!

»Das Mortilitätsverhältnis ist ein sehr ungünstiges«, klagte der Hospitalarzt Dr. Bock 1844 in seinem Bericht.

men musste, was kommt«, als »höchst peinigend« galt: »Es trifft sich nemlich gar oft, dass eine so eben aus dem Zuchthaus kommende […] Person neben das unbescholtenste Mädchen zu liegen kommt«, so ein Bericht aus dem Jahr 1844. Konnte es noch schlimmer kommen, als an einer ansteckenden und tödlichen Seuche zu erkranken und dann in einer verrufenen und schlechten Versorgungsanstalt zu landen? Oh ja. Denn auch beim Sterben war man im Nürnberger Sebastianspital von allen guten Geistern verlassen. Der für das Lazarett zuständige Pfarrer Kindler war meist gar nicht anwesend; er hatte Besseres zu tun. »So ist schon öfters vorgekommen, daß der Sterbende warten mußte, bis dieser Pfarrer seinen Abendunterhaltungen im Rolederers-Garten gefröhnt hatte«, berichtete ein »Versorgter im St. Sebastian-Spital« in der Zeitung. Ganz schlimm ging es für eine »Todtkranke« aus, deren Namen man im Tagesblatt leider nicht erfährt. Dringendst wünschte sie sich das letzte Sakrament. Doch: »Allein Samstag Nachts starb diese Kranke unbefriedigt ihres Verlangens.« Der Pfarrer war für einen Besuch zu müde gewesen.

Kontrastprogramm

Nach so viel Not und Krankheit steht einem der Sinn nach schönen Dingen. Wie gut, dass in der Großweidenmühlstraße viele reizvolle Bauwerke zu bewundern sind. Prachtvolle Jugendstilhäuser mit Eisenbalkonen oder die ehemalige Fehnsche Mühle laden dazu ein, vorbeizuflanieren. Empfehlenswert ist auch ein Besuch der Galerie Bernsteinzimmer (Großweidenmühlstraße 11, www.galerie-bernsteinzimmer.de). Denn dieser besondere Verein zur Förderung der schönen Künste lädt nicht nur regelmäßig zu ausgefallenen Ausstellungen, Vorträgen oder Konzerten ein. »Wenn ein Fass Bier da ist, wird es auch angestochen.« Und dazu »Konversation bei lauter Musik im schrägen Licht einer entrückten Zeit«. Perfekt!

Deutlich sichtbar blubbert hier der lebensgefährliche Schwefelwasserstoff an die Oberfläche.

18

EIN TEICH VOLLER GIFT

Silbersee in Nürnberg

Sein Name verspricht schöne Abenteuer mit besten Freunden. Doch was kaum jemand weiß: Er ist eine Baugrube der Nazis, in dessen Tiefe der toxische Tod lauert.

Adresse Silbersee, Stadtteil Langwasser, 90471 Nürnberg, Mittelfranken **GPS** 49.42173, 11.10992 **Anfahrt** Mit der U 1 bis Bauernfeindstraße fahren, dann weiter zu Fuß, oder mit dem Auto über die Münchner Straße/B 8, dann rechts abbiegen Richtung Tankstelle und gleich wieder rechts auf das sogenannte Camper Parking fahren.

SILBERSEE! Über ein halbes Jahrhundert ist es her, da sollen die Nürnberger sich in einer Zeitungsumfrage für diese Bezeichnung entschieden haben. Es war die Zeit der Karl-May-Filme. Die Zeit, in der man mitfieberte bei den Wilden Westerngeschichten von Winnetou und Old Shatterhand. Und deshalb begeistert diesen Namen für einen See mitten in Nürnberg wählte. Bis heute ist diese Begeisterung der Nürnberger für den glitzernden See ungebrochen. Er ist ein beliebtes Ausflugsziel mitten in der Stadt. Auf einem geschotterten Weg kann man ihn romantisch umrunden und Enten beim sanften Dahingleiten beobachten. Bis 2021 war sogar das Bootfahren erlaubt. Störend und nicht mehr zeitgemäß findet deshalb so mancher Spaziergänger die zahlreich angebrachten Verbotsschilder mit Totenkopf. Wenn Fische und Gänse baden, warum nicht auch der Mensch? Wer sich diese romantische Naivität erhalten möchte, sollte hier mit dem Lesen aufhören. Aber unbedingt auch weiterhin die strikten Anweisungen beachten!

SPORT IST GESUND Ab dem Jahr 1933 fanden in Nürnberg bis zum Kriegsausbruch regelmäßig die sogenannten Reichsparteitage der Nationalsozialistischen Deutschen Arbeiterpartei (NSDAP) statt (siehe Seite 32 ff.). Es waren Propagandaveranstaltungen der rassistischen Staatsführung, für die ein geeigneter architektonischer Rahmen geschaffen werden sollte. 1934 legte Adolf Hitlers damaliger Lieblingsarchitekt Albert Speer dafür die ersten Konzepte vor. Das größte Bauprojekt der NS-Diktatur auf diesem Gelände war das Deutsche Stadion, in dem Nationalsozialistische Kampfspiele vor einer Zuschauermenge von insgesamt 405.000 Menschen stattfinden sollten. Geplant als größtes Sportstadion der Welt, sollte es über 800 Meter lang, 450 Meter breit und ca. 100 Meter hoch werden. Doch errichtet wurde diese ideologische Machtarchitektur nie. Denn mit Beginn des Zweiten Weltkrieges 1939 wurden sämtliche Arbeiten eingestellt … lediglich eine hufeisenförmige und an einigen Stellen bis zu zehn Meter tiefe Fundamentausschachtung ließ man offen zurück.

IN DER BAUGRUBE IST PLATZ Dann kam der Abend des 2. Januar 1945, der in Nürnberg traurige Berühmtheit erlangen sollte. Gegen 18.30 Uhr verkündete der Volksempfänger die Furcht einflößende Nachricht: »Starke Kampfverbände sind eingeflogen und nähern sich dem äußeren Bereich.« Nach diesem verheerenden, 53 Minuten dauernden Angriff der britischen Royal Air Force lag Nürnbergs Altstadt in Schutt und Asche. 91 Prozent aller Gebäude waren von Kriegsschäden betroffen, ein riesiger Trümmerberg war entstanden. Doch wohin mit all dieser

Direkt vor der einsamen Insel ragt alter Trümmerschutt aus dem Wasser.

»Klamotte«, mit diesen Hügeln aus Dreck und Steinmüll, den nun unbrauchbaren Mauern, Scherben und Ziegelsteinen? Eine zentrale Mülldeponie für rund drei Millionen Kubikmeter Schutt musste her – und war auch schnell in der ehemaligen Baugrube des Nazi-Stadions gefunden. Für den Abtransport baute man ab September 1945 sogar eigens ein Schmalspurnetz aus. Der dampfende Trümmerexpress auf Schienen blieb bis Oktober 1950 in Betrieb. Danach rollten die Lastwagen. Im Dauereinsatz. Bis zu 400 Mal am Tag fuhren sie die ehemalige Baugrube an. Und so war im Oktober 1951 der südliche Teil der ehemaligen Ausschachtung komplett voll. Der nördliche Bereich wiederum füllte sich schnell mit Grundwasser.

ZUM GRUSELN, ABER LEGAL So war Mitte des 20. Jahrhunderts durch diese Aktion mitten in der Stadt eine riesige Müllhalde mit See entstanden. Pragmatisch nutzte man die Deponie weiter. Denn wo man Trümmerschutt abladen konnte, war auch noch Platz für all den anderen Unrat, der in einer Großstadt anfiel. 75 Prozent des gesamten Haus- und 100 Prozent des Industriemülls wurden hierhin verfrachtet. Ganz offiziell und legal. Ob giftige Chemikalien, problematischer Müll der Pharmaindustrie oder Abfälle aus der Metall- und Mineralöl-Industrie, ja sogar radioaktive Substanzen durften hier rechtmäßig abgelegt werden. Ohne Sicherungsmaßnahmen oder Abdichtungen stapelte sich der giftige Dreck direkt auf dem Grundwasser und wuchs zu einer Hochdeponie heran, die man damals treffend »Schuttberg« nannte.

TÖDLICHES IDYLL All das geschah bis Ende des Jahres 1962, dann war Schluss mit dem Abladen. Im wahrsten Sinne des Wortes ließ man nun Gras über die Sache(n) wachsen. Und so freuten sich die *Nürnberger Nachrichten* in einem Artikel auf »einen funkelnagelneuen Aussichtsberg« und »ein grünes Idyll«, das sich hier auftun würde. Noch war keinem bewusst, dass hier eine hochtoxische Sondermülldeponie entstanden war, die bis in das Jahr 2023 rund 50 Menschenleben kosten würde. Manch einer nutzte den belasteten See nämlich in der Folgezeit zum freudigen Baden und sportlichen Schwimmen – trotz strikter Warnung. Die Toten, die geborgen wurden, machten die Stadt zunächst ratlos. Man vermutete Wadenkrämpfe oder die »stellenweise krass unterschiedliche Wassertemperatur«. Oder machte die im See abgelegten Gegenstände verantwortlich, etwa »Felsstücke eines gesprengten Bunkers, die kreuz und quer übereinanderliegen, Eisenbahnschienen samt der Loren oder viele Rollen Stacheldraht«. Der Zeitungsartikel der *Nürnberger Nachrichten* vom 1. August 1963 bereitet einem heute noch Gänsehaut: »Der Silbersee hat ein neues Todesopfer gefordert. Vor den Augen seiner gleichaltrigen Freundin versank gestern gegen 10.45 Uhr der 21-jährige Grieche Litsios Alkiriadis plötzlich im Wasser und tauchte nicht mehr auf.«

Hier sollte man auf gar keinen Fall die Badehose auspacken!

Um die 400 Arbeiter sollen Tag und Nacht mit der Herstellung dieses Stadionmodells beschäftigt gewesen sein.

GEFÄHRLICHES NERVENGIFT Heute ist man dank der gründlichen Untersuchungen von Dr. Alfons Baier, Professor der Fakultät der Angewandten Geologie der Uni Erlangen, klüger: »Die von Süden in das Dutzendteichgebiet einströmenden Grundwässer werden im Bereich der großen Silberbuck-Deponie kontinuierlich kontaminiert, wobei die Anzahl und Wirkung der verschiedenen, teilweise als sehr problematisch und toxisch zu charakterisierenden Substanzen insgesamt nur schwer abschätzbar ist.« Für den Menschen hochgefährlich ist der Schwefelwasserstoff, der in der Tiefe des Sees entsteht und beim Baden aufgewirbelt werden kann. Atmet man dieses nach faulen Eiern stinkende, äußerst giftige Gas ein, sind die Folgen fatal. Erst Schwindel, dann Bewusstlosigkeit und schließlich Tod. Eine umfassende Sanierung gilt bisher als zu teuer. Die mit Wasser gefüllte Baugrube der Nazis bleibt deshalb bis auf Weiteres eine hochtoxische Sondermülldeponie.

Relikte des Stadionmodells

Bei einem Ausflug ins Hirschbachtal, zwölf Kilometer östlich von Hersbruck, kann man heute noch die Überreste des originalgetreu errichteten Stadionmodells aus der Nazizeit besichtigen. Da der Berghang gegenüber dem Dorf Oberklausen exakt den gleichen Neigungswinkel hatte wie das geplante Deutsche Stadion, baute Albert Speer hier eine Tribüne in Originalgröße aus Beton und Holz. Zur Freude Adolf Hitlers, der diese Versuchsanlage im März 1938 besichtigte. Doch Vorsicht! Obwohl unter Denkmalschutz stehend, ist der fast unbekannte Stadionberg bei Oberklausen zugewuchert und nur mit festem Schuhwerk zu erkraxeln (GPS 49.56740, 11.57455).

19

VERSEHENTLICH IN DEN TOD GESCHICKT

HuPfla in Erlangen

Nur noch ein kümmerlicher Torso ist heute von der ehemaligen HuPfla übrig. Wenn er doch nur sprechen könnte! Vielleicht könnte er dann verraten, was mit der von den Nazis »irrtümlicherweise verlegten« Anna Bär geschehen ist …

Adresse Schwabachanlage 10, Innenstadt, 91054 Erlangen, Mittelfranken **GPS** 49.60314, 11.01147 **Anfahrt** Mit dem Bus 290 bis Erlangen Schwabachanlage oder mit dem Auto über die Westliche Stadtmauerstraße, den Maximiliansplatz und die Palmsanlage bis zur Schwabachanlage fahren.

Und wieder verschwindet ein Stück der Stätte der Naziverbrechen, eindrucksvoll festgehalten von Fotograf Harald Sippel.

ARCHITEKTUR DES GRAUENS In der Nähe der sanft dahinfließenden Schwabach, umlagert von Hightech-Gebäuden der Uniklinik Erlangen, befindet sich heute der Rest eines alten, denkmalgeschützten Bauwerks. Verloren und wie aus der Zeit gefallen steht es da. Doch so harmlos es aussieht, seine Bezeichnung »HuPfla« bereitet allen Eingeweihten beklemmendes Schaudern. Schließlich ist es das letzte Überbleibsel der ehemaligen Kreis-Irrenanstalt Erlangen, später bekannt als Heil- und Pflegeanstalt (HuPfla) und ein stummer Zeuge entsetzlicher Nazi-Verbrechen.

DER PANOPTISCHE ANFANG Das erste Gebäude der Kreis-Irrenanstalt Erlangen errichtete man vor gut 200 Jahren – von 1834 bis 1848 – am Rand der Erlangener Altstadt. Es war nach dem sogenannten panoptischen System des Engländers Jeremy Bentham (1748–1832) geplant und erbaut worden. Denn es besaß einen zentralen Mittelbau und davon kreuzförmig abgehend vier Flügel. Dadurch war es möglich, von einem Zentrum aus mit nur wenig Wachpersonal sämtliche Insassen kontrollieren zu können. Da die Zahl der Patienten in der Erlanger Irrenanstalt stetig wuchs – so hatte Anfang des 20. Jahrhunderts die Einrichtung über tausend Kranke –, wurde sie mehrmals erweitert. Der heute noch erhaltene Stumpf wurde als riesiger Prachtbau 1874 bis 1879 errichtet und bildete mit einer hohen Anstaltsmauer quasi den architektonischen Abschluss der gesamten Anlage in Richtung plätschernde Schwabach.

VORBILDLICHE REFORMEN 1910 nannte man die Irrenanstalt in Heil- und Pflegeanstalt um, da man durch Begriffe wie »heilen« und »pflegen« deutlich machen wollte, dass in der Klinik nun therapeutische Ziele im Vordergrund standen. Geistig Behinderte und psychisch Erkrankte sollten in der »Geschlossenen« nicht mehr nur verwahrt werden. Psychiater Gustav Kolb (1870–1938) setzte sich als Direktor der Anstalt sogar für die sogenannte »offene Fürsorge« ein. Diese erlaubte es den Patienten, wenn irgend möglich, ambulant behandelt zu werden. So wurde die Erlanger Anstalt eines der fortschrittlichsten Institute. Zudem gehörte sie zu den besteingerichteten Heil- und Pflegeanstalten Deutschlands. In dem Erlanger Mikrokosmos »geschlossene Anstalt« gab es zwei Bierschenken, ein Billardzimmer, eine Bibliothek, eine Kapelle und sogar einen Saal für Konzerte und Tanzveranstaltungen – alles hätte so gut weitergehen können …

AKTION KRANKENMORDE … wäre da nicht im Jahr 1934 mit dem Psychiater Wilhelm Einsle (1887–1961) die menschenver-

1879 hieß die Anstalt noch Kreis-Irrenanstalt und war ständig überbelegt.

achtende »Rassenhygiene« der Nazis eingezogen. Und so wurde die einst so fortschrittliche HuPfla zum Schauplatz schrecklicher Massenverbrechen. Am liebsten würde man sofort aufhören, die detaillierten Berichte des Forschungsprojektes NS-Euthanasie Erlangen (www.ns-euthanasie-erlangen.de) genauer zu lesen. Es ist nur schwer zu ertragen, dass in der Anstalt Zwangssterilisationen vorgenommen wurden; oder dass durch die sogenannte »Aktion T4« ab dem Herbst 1939 insgesamt 908 Patienten in Tötungsstationen deportiert und dort vergast wurden. Mitten durch die Innenstadt, vor den Augen der Erlangener, rollten die grauen Busse Richtung Pirna und Hartheim, wo die Kranken ermordet wurden. »Aktion T4«, das war ein geheimer Erlass Adolf Hitlers, der es den Ärzten erlaubte, »nach menschlichem Ermessen unheilbar Kranken bei kritischster Beurteilung ihres Krankheitszustandes de[n] Gnadentod [zu] gewähr[en]«. Abgelöst wurde diese mörderische Aktion durch die nächste. Im sogenannten »Hungerkosterlass« vom 30. November 1942 wurde bayernweit angeordnet, arbeitsunfähige Patienten mit sogenannter »B-Kost« zu versorgen, sie also durch Mangelernährung und Vernachlässigung langsam und qualvoll sterben zu lassen. In Erlangen, so das Forschungsprojekt, starben auf diese Weise »schätzungsweise mindestens 1000 Patientinnen und Patienten«.

DER LETZTE ZEUGE Heute steht man tieftraurig vor diesem letzten Rest der ehemaligen HuPfla, deren schrittweiser Abbruch sich nun schon fast ein halbes Jahrhundert hinzieht. Bereits 1977 hatte man nämlich begonnen, Gebäudeteile der Anstalt abzureißen. Und man ist froh, dass durch Proteste der Erlangener und durch Einwände des Denkmalschutzes ein kompletter Abriss dieses letzten steinernen Zeitzeugen in jüngster Zeit verhindert werden konnte. Während man diesen dunklen Ort näher betrachtet, entdeckt man eigentümliche Vorbauten auf beiden Seiten des herausragenden Mittelteils. Es sind die ehemaligen Eingänge hinein in den Pflegebau für »Ruhige und Halbruhige«. Von hier gelangten die Insassen zu ihren Schlaf- und Wohnsälen, vorbei an den Isolierzimmern, dem Abort, dem Spülraum und dem Zimmer für die Wärter.

WO IST ANNA BÄR? Beim Betrachten der vielen Fenster fragt man sich unweigerlich, wer da wohl alles hinausgeblickt haben mag. Und man überlegt schaudernd, ob vielleicht auch die ehemalige Patientin Anna Bär hier am Fenster gestanden ist, bevor sie verschwand … spurlos und für immer! Ihr Name tauchte 1948 während des Nürnberger Euthanasie-Prozesses gegen die Anstaltsärzte Dr. Wilhelm Einsle und Dr. Stephan Murar auf. Eine Zeitung rätselte: »Wo ist die versehentlich ›verlegte‹ Anna Bär geblieben?« Weiter führte der Zeitungsartikel sarkastisch aus: »Ein bezeichnendes Streiflicht, wie mit dem Leben der Kranken in der Tat umgegangen wurde, war jene Geschichte, die dem mitangeklagten Dr. Murar zur Last gelegt wurde. Es waren da zwei taubstumme Frauen namens Bär in der Anstalt gewesen, die eine hieß mit dem Vornamen Marie, die andere Anna. Die Anna wurde mit dem letzten Transport in eine Vernichtungsanstalt geschickt, eigentlich hätte es aber die Marie sein sollen; denn für sie und nicht für Anna waren die ›Voraussetzungen für die Verlegung‹ gegeben. […] Niemand aber weiß bis heute (auch in diesem Prozess wurde es nicht aufgeklärt), was aus der versehentlich verschickten Anna geworden und ob die versehentlich nicht verschickte Marie nicht versehentlich am Leben geblieben ist. Auf einen ›Gnadentod‹ mehr oder weniger kam es ja dann auch bei der Großzügigkeit, mit der man ihn damals verteilte, gar nicht an […].« Wie gut, dass dieser letzte architektonische Rest, dass dieser Zeitzeuge aus Stein stehen bleiben durfte. Und – umgeben von all den hypermodernen Gebäuden der Uni – seinen steinernen Finger sozusagen zur Mahnung gegen das Vergessen erheben kann. Denn damals, 1948, hatten die beiden Erlanger Ärzte keine Konsequenzen tragen müssen. Die Geschworenen im Nürnberger Euthanasie-Prozess verneinten die Schuldfrage und sprachen sie frei. Anna Bärs »versehentliche« Tötung war vergeben und vergessen. Neben vielem anderen!

NS-Medizinverbrechen

Die Audiotour »Patientenmord hinter Sandsteinmauern – zwischen Abriss und Erinnerung« führt auf den Spuren der NS-Medizinverbrechen quer durch die Erlanger Altstadt. Dieser sehr informative Rundgang wurde von Geschichtsstudenten der FAU Erlangen konzipiert und kann kostenlos auf das Mobiltelefon heruntergeladen werden (App: izi.travel).

Während der Nazizeit führte der Weg nach draußen nicht in die Freiheit, sondern in eine der Tötungsstationen.

»Bei Wasser und Brot sitzen«: Der unterirdische Brunnenraum sicherte die Wasserversorgung der Gefängnisinsassen.

20

PEINIGEND VERHÖRT

Mittelalterliche Lochgefängnisse in Nürnberg

Besucht man heute die dunklen Kellerräume des alten Nürnberger Rathauses, in denen ehemals der Scharfrichter das Sagen hatte, ist Gänsehaut garantiert. Vor allem der kaum bekannte Prozess gegen einen Teufelsbeschwörer bringt einen zum Frösteln.

Adresse Rathausplatz 2, Altstadt – St. Sebald, 90403 Nürnberg, Mittelfranken **GPS** 49.45520, 11.07726 **Anfahrt** Mit der U 1 bis Haltestelle Lorenzkirche oder mit dem Auto über die Augustinerstraße in die Altstadt fahren.

HEXER GEFANGEN! Aufregung herrschte am 9. Oktober 1617 auf dem Nürnberger Weinmarkt. Der wegen Zauberei, Schatzgräberei und Falschmünzerei dringend gesuchte Jörg Carl Lamprecht wurde auf dem Markt entdeckt, verhaftet und in das »Nürnberger Loch« gebracht. Man warf ihm vor, ein »Zauberer und Teufelsbanner« zu sein und die Bürger in »bösen Künsten« zu unterrichten. Eingehend wurde der berüchtigte Mann in der Folterkammer, der sogenannten »Kapelle«, befragt. Lamprecht beteuerte in den ersten peinigenden Verhören noch seine Unschuld. Er gab lediglich zu, ein geheimnisvolles Pulver zu besitzen, das vor dem Erschießen schützen sollte. Zudem gestand er, dass er ein Büchlein angefertigt habe mit »Teufelsbeschwörungen und anderem schändlichen Zauberwerk«, es aber nie verwendet und eh verloren habe. Und er behauptete, dass auch die gruseligen Dinge, die er bei seiner Verhaftung bei sich getragen hatte, nur dem Schutz gegen Kugeln dienen sollten. Die »gruseligen Dinge«, das waren Leichenteile wie »ein Stück einer Hirnschale, menschliche Knochen, Haut und Fleisch«.

NICHTS FÜR SCHWACHE NERVEN Betritt man heute das original erhaltene Stadtgefängnis aus dem Mittelalter, empfindet man sofort tiefe Beklemmung. In den Kellerräumen des alten Rathauses ist es düster. Die beiden Gänge, die an den vielen kleinen Zellen vorbeiführen, sind schmal. Und ihre Wände, aus Sandsteinblöcken gefertigt, scheinen beim Durchschreiten immer näher zu rücken. Das Atmen in dieser klaustrophobischen Enge fällt einem schwer. Zu sehen sind heute noch zwölf Gefängniszellen, die Folterkammer, die Stube für die letzte Henkersmahlzeit, die Schmiede zur Herstellung von Fesseln und die Gefängnisküche. Für die Insassen sollte der Aufenthalt in dem Untersuchungsgefängnis mit Todestrakt so unangenehm wie möglich sein. Tiefste Dunkel-

Auch heute noch überfällt einen das nackte Entsetzen beim Anblick dieser Hand- und Fußketten.

heit, peinigendes Redeverbot, eiskalte Fußketten und zuweilen demütigende Einzelhaft machten das Dasein zur reinsten Folter. Viele Inhaftierte drehten durch. Zudem musste für Kost und Logis gezahlt werden. So manchem wird jedoch die erkaufte Mahlzeit im Hals stecken geblieben sein, denn die Toilette in Form eines einfachen, mit den menschlichen Ausscheidungen gefüllten Eimers war gleichzeitig das Untergestell für das Essenstablett. Kein Wunder, dass etliche allein aufgrund des Aufenthalts in dieser Hölle alles gestanden, nur um ihr entfliehen zu können. Ein Geständnis war bei Lamprecht jedoch nicht mehr zwingend notwendig gewesen. In Anbetracht der Vielzahl seiner schweren Verbrechen – Teufelsbeschwörungen, Schatzgrabungen und Falschmünzerei – verhängte der Rat der Stadt Nürnberg über ihn eine der grausamsten Strafen: Tod durch Verbrennen.

DER PLAN SCHEITERT In einer internen Notiz jedoch, die der Innere Rat am 12. November 1617 niederschrieb und die heute

Der erste Grad der Folter war »das bloße Zeigen der Folterinstrumente«.

Gruselig: In dieser mittelalterlichen Kammer hat man das Gefühl, auch heute noch den Angstschweiß riechen zu können!

noch im Staatsarchiv Nürnberg vorhanden ist, erfährt man, dass Scharfrichter »Maister Franntzn« – unbemerkt vor den Augen der Schaulustigen – das Leiden des Verurteilten durch Strangulieren verkürzen wollte: »Nachdem der nachrichter sich bescheid erholt, ob er den verhaften Jörg Carl Lamprecht, ehe das feur angezundt werde, zuvor strangulieren soll, dieweil es mit dem pulversack ein mißlich ding sey, weil der wind des pulvers gewalt leichtlich auf ein ander seiten dreiben könne, ist im anzuzeigen befohlen, er wird sich solchs am besten in die sach zu schicken wissen, und mög er den Lamprecht zwar stranguliren, doch soll er es solcher gestalt verrichten, das es das gemaine gesind nit merke, dann man dessen uthel nit gedenken werde.« Doch dieser mildtätige Plan scheiterte kläglich. Scharfrichter Franz Schmidt schaffte es nicht, den Verurteilten im Geheimen zu erdrosseln. Lebendig und bei vollem Bewusstsein wurde der Zauberer am 13. November 1617 verbrannt.

Hexen-Führung

Zeitreise ins dunkle Mittelalter gefällig? Bei einer unheimlichen Stadtführung mit der Nürnberger Hexe ist das möglich (www.stadtpomeranze.de). Auch für schwache Nerven geeignet.

21

AKTENZEICHEN XY ... UNGELÖST!

Spiegelstraße in Fürth

Ein rätselhafter und geheimnisvoller Doppelmord aus dem frühen 20. Jahrhundert ist bis heute ungeklärt. Trotz aller Bemühungen blieben die Mörder auf freiem Fuß. Da nützte es auch nichts, dass die Polizei die Bevölkerung dringend um Mithilfe bat.

Adresse Spiegelstraße 1, Innenstadt, 90762 Fürth, Mittelfranken **GPS** 49.46886, 11.00446
Anfahrt Mit der U 1 bis Haltestelle Jakobinenstraße, dann zu Fuß oder mit dem Auto über die Fürther Straße/B8, rechts abbiegen auf die Spiegelstraße.

Hier schrie der zwielichtige Untermieter um Hilfe ... doch es war vergeblich!

HILFE! HILFE! Grauenvolle Schreie gellen durch die Nacht. In Fürth in der Spiegelstraße 1 ist Schlimmes zugange. Es ist Donnerstag, der 29. April 1920, zwischen 23 und 0 Uhr. Die Rufe eines Mannes in tiefster Not schallen aus Marie Grings Wohnung. Dann wird es Mitternacht. Und still. Totenstill. Ein schreckliches Verbrechen war geschehen, von dem noch hundert Jahre später die Bewohner dieses Hauses sprechen werden.

EIN ROMANTISCHES GEBÄUDE Aufmerksame Beobachter bleiben heute noch bei einem Spaziergang in der Spiegelstraße stehen. Hier stehen denkmalgeschützte Sandsteinhäuser. Und ein besonders reizvolles ist das Haus mit der Nummer 1. Ein prachtvolles Gebäude, vier Geschosse hoch, mit reich verzierten Sandsteinerkern, darüber eine Fachwerkmansarde und hölzerne Dacherker mit Spitzhelmen. Gepflegt und in renoviertem Zustand präsentiert sich heute dieses schmucke Mietshaus, das 1899 von Fritz Walter im sogenannten Neu-Nürnberger-Stil erbaut wurde.

Waffen, Falschgeld und sogar einen begehbaren Tatort besitzt das Kriminalmuseum.

DAS VERBRECHEN Trügerische Ruhe war in den frühen Morgenstunden des 30. April 1920 in dem Mehrparteienhaus eingekehrt. Doch Zimmermeister Fritz Blankenbach machte sich Sorgen. Normalerweise besuchte ihn nämlich Marie Grings am Morgen. Heute wartete er vergebens. Und so bat er Schutzmann August Schildknecht, nach dem Rechten zu sehen. Als dieser die Tür von Schlossermeister Renner mit einem Dietrich öffnen ließ, entdeckten sie Grauenvolles. In der Küche, zwischen Büfett und Spülbecken, lag niedergestochen die Hauswirtin und in einem Zimmer ihr Untermieter Andreas Endres, ermordet »mit einer geradezu beispiellosen Brutalität […] förmlich abgeschlachtet«. 30 bis 50 Mal, so die späteren Untersuchungen der Gerichtsmediziner, hatten der oder die Täter zugestochen. Das Tatortfoto zeigt das Grauen: ein Kampf um Leben und Tod. Gegenstände lagen grob umgeworfen im Zimmer, und der Teppich war wild zusammengeschoben worden, vor allem aber: Blut! Überall Blut! Und im wilden Durcheinander blutige Stiefel- und Fußabdrücke auf dem Holzboden.

DIE OPFER Marie Grings, unbescholten, verwitwet und kinderlos, hielt man schnell für ein unbeabsichtigtes Opfer. Sie galt als sehr ängstliche und übervorsichtige Person. Selbst mit ihrem Bruder hatte sie ein geheimes Klopfzeichen vereinbart, um ihn in die Wohnung zu lassen. Und ein Dienstmädchen wagte sie aus Misstrauen erst gar nicht einzustellen. Umso mehr verwundert es, dass sie an Andreas Endres, der als äußerst zwielichtig galt, untervermietet hatte. Mit Reichtümern gesegnet, trug er dies auch ausgiebig zur Schau. Laut Zeugen hatte er gerne »mit seinem Schmuck und Geld geprotzt«. Von seinen Brillantringen, den vielen anderen Kostbarkeiten und den »15 bis 16 fast neuen Eintausendmarkscheinen« fehlte jedoch jede Spur. Und so wurde aus dem Doppelmord in der Spiegelstraße schnell die alleinige Raubmordsache Endres.

DIE TÄTER Aufgrund der Kampfspuren ging man von einer Gemeinschaftstat aus. Da Endres unter dem Pseudonym Hugo Schneidig die Nürnberger Wirtshäuser, etwa das Moselblümchen, gerne und ausgiebig besuchte und auch Stammgast in den verruchtesten Bordellen war, suchte man die Mörder zunächst dort – vergeblich! Schließlich weitete man die Ermittlungen aus und rief zu Aufmerksamkeit auf: Sollte irgendwo ein blutiger Geldschein auftauchen oder ein kostbarer Brillantring zum Verkauf angeboten werden, möge man es bitte der Polizei melden.

AKTENZEICHEN UNGELÖST Doch obwohl fieberhaft viele Jahre lang gesucht wurde: Der grausame Doppelmord blieb ungeklärt, die Täter waren nicht zu finden. Und so schlummert heute noch eine dicke Fahndungsmappe im Archiv der Staatsanwaltschaft. Mit Fotos vom Tatort, die Gänsehaut erzeugen.

Im Kriminalmuseum

Ob Arsen im Blaukraut oder Mord in der Badewanne: Viele spannende Einblicke in weitere Fürther Verbrechensakten warten immer sonntags von 13 bis 18 Uhr auf die Besucher des kleinen Fürther Kriminalmuseums, tief unten im Gewölbekeller des Rathauses (www.kriminalmuseum-fuerth.de).

»Mit [...] bitterlichen smertz [...] beweynet«: Die siebte Kreuzwegstation von Adam Kraft befindet sich in der Nähe des Tatortes.

22

DER ERMORDETE TOTENGRÄBER

St. Johannisfriedhof in Nürnberg

Der Tod auf dem Johannisfriedhof war das alltägliche Geschäft von Totengräber Langfritz. Doch dass der Friedhof auch die Stätte seines eigenen grausamen Todes werden sollte, wäre ihm selbst in seinem schlimmsten Albtraum nicht eingefallen.

Adresse Johannisstraße, Stadtteil St. Johannis, 90419 Nürnberg, Mittelfranken **GPS** 49.45859, 11.06117 **Anfahrt** Mit der Tram 6 bis St. Johannisfriedhof fahren oder mit dem Auto den Altstadtring befahren und in die Johannisstraße abbiegen.

IN ANGST UND SCHRECKEN »Herr Jesu, was habt ihr gemacht! Laßt mich nur in die freye Luft, ich ersticke sonst.« Totengräberknecht Carl Gottlieb Langfritz sprang, »von Schröcken und Dampf ganz betäubt«, von seinem Ruhebänkchen auf, wo er schlummernd gelegen hatte, und wollte zur Tür eilen. Es war Montag, der 3. Dezember 1787, um die Mittagszeit zwischen 12 und 1 Uhr, als Langfritz seinen Mörder auf dem St. Johannisfriedhof in Nürnberg um Gnade anflehte und fliehen wollte. Doch der Täter kannte kein Pardon.

DIE ASSERVATENKAMMER Es sollte einer der grausamsten Kriminalfälle in der Geschichte Nürnbergs werden und mit einer spektakulären Hinrichtung enden. Noch heute werden im Nürnberger Stadtarchiv wichtige Beweismittel aufbewahrt: Da ist eine verformte Bleikugel. Auch Stofffetzen aus Leinen und Wolle mit Einschusslöchern, Schmauchspuren und Blutflecken sind heute noch erhalten. Zudem liegen im Archiv viele Verhörprotokolle und wichtige Schriftstücke. Und der haarsträubende Autopsie-Bericht, der auf eine äußerst grausame Tat hinweist. Vor allem aber: die schreckliche Beichte des Mörders, protokolliert vom Sebalder Pfarrer Johann Ferdinand Roth (1748–1814).

EIN BEGEHRTER POSTEN Auf dem Johannisfriedhof war Ende des 18. Jahrhunderts die Hierarchie klar reglementiert. Verwaltet wurde der Gottesacker von Steinschreiber Johann Ernst Böhm. Unter ihm diente der Totengräbermeister Georg Widmann, der zur besagten Zeit bereits 73 Jahre alt war und auf dessen Posten begehrlich geschielt wurde. Unter diesem wiederum hatte erst seit wenigen Wochen Carl Gottlieb Langfritz die beliebte Stelle des Totengräberknechts übernommen. Nur diese Rangstufe erlaubte es nämlich, die eventuell schon bald vakant werdende Stellung des alten Meisters übernehmen zu können. Unterknecht Johann Philipp Feigel, 22 Jahre alt, hatte sich auch beworben, war aber abgelehnt worden. Eine Tragödie, hätte der Aufstieg für ihn doch bedeutet, heiraten zu können.

KEIN ALLTÄGLICHER BERUF Schlechtes Ansehen und schwere körperliche Arbeit, das waren ehemals die Hauptmerkmale des Berufes »Totengräber«. Und auf dem Johannisfriedhof war und ist dieses Handwerk ein besonders anstrengendes. Denn bis heute muss auf diesem Gottesacker mühsam der flach liegende Grabstein entfernt werden, um den Toten begraben zu können. Dafür ist es in der Regel nötig, auch die angrenzenden Grabsteine zu verschieben. Eine Sisyphusarbeit, die körperliche Kraft erfordert. Und natürlich erfordert dieser Beruf seelische Festigkeit. Denn der Geruch des Todes begleitet den Leichenbestatter permanent bei

Damals wie heute: die Arbeitsutensilien des Totengräbers auf dem Johannisfriedhof

seiner Arbeit. Beim Öffnen des Grabes und dem eventuellen Anblick verfaulter, menschlicher Überreste. Bei der Konfrontation mit dem Toten selbst, dem Transport des Sarges bis zur Grabstätte, dem Hinablassen … bis hin zum Verschließen des Grabes. Kein Wunder, dass sich einst manch einer die Nasenhaare ausgerissen haben soll, nur um den Geruch des Todes loszuwerden.

NACHRICHT AUS DEM TOTENREICH Zurück zum Jahr 1787. Bald schon vermisste man den Totengräberknecht und Familienvater Carl Gottlieb Langfritz. Er war einfach nicht mehr auffindbar. Erste Ermittlungen brachten keine Ergebnisse. Schnell verdächtigte man den Unterknecht Johann Philipp Feigel, doch der leugnete vehement. Ein mysteriöses Detail lässt einen selbst heute noch erschaudern. Der Ermordete, so erwähnt es eine Quelle, sei seiner Ehefrau Maria Barbara Langfritz im Traum erschienen und habe ihr verraten, wo seine Leiche zu finden sei. Doch auch wenn diese Geschichte eher aus der düsteren Feder eines Edgar Allan Poe stammen könnte: Tatsächlich, nur vier Tage nach seinem Verschwinden, entdeckte man Langfritz – bestialisch ermordet und anschließend verscharrt im Totengräberhäuschen.

DER FUNDORT Heute ist das kleine Gebäude längst verschwunden. Es stand in der Nähe der schönen Holzschuherkapelle und bestand hauptsächlich aus zwei Räumen:

↓ Unheimlich: Der Tote soll seiner Gattin im Traum begegnet sein.

↘ Die alten Grabsteine waren stumme Zeugen des grausamen Verbrechens.

dem Stüblein, das den Leichenbestattern als Pausenraum diente, und der Tenne, einem Lagerraum mit gestampftem Boden, in dem die Arbeitsutensilien gelagert wurden. Schließlich gab Feigel zu, seinen Kollegen aus Neid ermordet und im Totengräberhäuschen verscharrt zu haben. Denn unbedingt habe er dessen Stelle haben wollen. Die Verhörprotokolle und Aufzeichnungen der Gerichtsschreiber zeichnen das Bild eines gefühllosen, grausamen und äußerst brutalen Mörders. Sein Geständnis: Feigel war am 3. Dezember in den Pausenraum getreten und hatte mit einer Flinte auf den schlummernden Langfritz geschossen. Dieser, ganz erschrocken von dem Knall und dem Rauch, habe fliehen wollen. »Herr Jesu! Laß er mich gehen!« Doch Feigel warf ihn zu Boden, versuchte, ihn brutal zu erschlagen, und als das nicht gelang, vergrub er seinen Kollegen skrupellos noch lebend in der erdigen Tenne.

AUS DEM VERHÖRPROTOKOLL Feigel hatte »die in der Stube befindlich gewesene Haue ergriffen, und ihn [sic!] mit der Platte einen heftigen Schlag […] gegeben – sofort noch ein oder zwey Hiebe auf den Kopf versezet – und soviel er sich noch zu erinnern wisse, mit der Schneide gedachter Haue auf die Brust gehauen – sodann den Cörper in den Tennen geschleppt – daselbst ein Loch gleich einer Furche gemacht, solchen, da er noch etwas geröchelt, hinein […] die Erde eingeebnet, mit aussen gehabten Brettern belegt, nach völlig

Wo war sein Schutzengel, als der Totengräber ihn so dringend brauchte?

↑ Wie ein aufgeschlagenes, reich bebildertes Buch wirken die kunstvollen Epitaphien.
↗ »Memento mori« – »Bedenke, dass du sterblich bist« – scheint die Schlange zu zischen.

vollbrachter That aber, nach einem zu besorgen gehabten Grab gesehen, und als er von da zurückgekommen, ganz kalt und gleichgültig eine Pfeife Tobak angesteckt.«

UNTERHALTSAMES SCHAUSPIEL Nach dem Geständnis dieses kaltblütigen Mordes war das Urteil schnell gefällt: Tod durch Rädern. Feigels schmerzhafte Hinrichtung, die am 18. März 1788 von Scharfrichter Deubel vollstreckt wurde, fand unter einem »ungeheuren Volkszulauf statt«, so berichten die Quellen. Unvorstellbar, aber diese grausame Todesart war einst bei Schaulustigen wegen ihres perversen Unterhaltungswertes sehr beliebt. »Er war im Hemde, hatte schwarzlederne Hosen an und an den Füßen silberfarbene Strümpfe, des ganzen Nachmittags über gab es Neugierige, welche den Galgen umstanden […].« Lieder wurden verfasst und Gedichte geschrieben. Und Armesünderblätter mit dem abgebildeten Kopf des Mörders wurden ein begehrtes Erinnerungsstück. Aus dem kaltblütigen Mörder Feigel wurde so eine unrühmliche Berühmtheit: »Niemand war da um solche Zeit, obgleich Langfritz um Hülfe schreyt; drauf nahmen Feugels Tieger-Hände die Todengräbers Instrumente, stach, haute, schlug auf Langfritz ein, und konnt doch kaum sein mächtig seyn; bis endlich durch die lange Wuth des Feugels, Langfritz sich verblut, vor Schmerzen kaum mehr reden kunnt, so würgt er ihn, drey Viertel-Stund. Der Mörder grub ein enges

Loch, und scharrt ihn drein lebendig noch.« (Quelle: Stadtarchiv Nürnberg)

St. Johannis erkunden

Angesehene Patrizier, erfolgreiche Handwerker und berühmte Künstler wie Albrecht Dürer oder Veit Stoß wurden auf dem Johannisfriedhof begraben. Auf vielen Gräbern sieht man heute noch kunstvolle Epitaphien. Kein Wunder, dass diese Ruhestätte 2013 zum bezauberndsten Friedhof Deutschlands gewählt wurde. Der Verein Die Stadtführer e. V. bietet regelmäßig Rundgänge an und zeigt bestimmt gerne den mörderischen Ort (www.nuernberg-tours.de). Danach bietet es sich an, St. Johannis, den »angeblich schönsten Stadtteil der Welt«, zu erkunden: Die romantischen Hesperidengärten und viele köstliche Lokale warten schon. Und beim Hinterhof-Flohmarkt entdeckt man so manche architektonische Schönheit aus der Zeit des Jugendstils von ihrer unbekannten Seite.

Der Arbeitsplatz von Totengräber Langfritz: der Friedhof mit den liegenden Grabsteinen und der mittelalterlichen Kirche

23

BOMBENSICHER IN DEN TOD

Doggerstollen in der Houbirg

Man sieht es der Houbirg, diesem prächtigen Berg im Nürnberger Land, zwar nicht an, aber in ihrem Innern verbergen sich Stollen mit einer düsteren Vergangenheit.

Adresse Houbirg, 91230 Happurg, Landkreis Nürnberg, Mittelfranken
GPS 49.49292, 11.47862 **Anfahrt** Mit dem Bus 334 ab Hersbruck bis Happurg Marktplatz oder mit dem Auto über die B 14 bis zur Grabenstraße in Happurg fahren.

Der zugemauerte Eingang F in den Doggerstollen mit einer Einflugöffnung für Fledermäuse … und den traurigen Überresten.

GROSS UND MÄCHTIG, SCHICKSALSTRÄCHTIG Die Houbirg, dieser herausragende Einzelberg bei Happurg, ist ein ganz besonderer Naturort. Seine archaischen Bodendenkmäler – etwa die altsteinzeitliche Höhle Hohler Fels oder der riesige, vorgeschichtliche Ringwall – sind machtvolle Energieorte auf diesem markanten Berg, die man begeistert besichtigt. Und hat man seine 617 Meter Höhe erklommen, belohnt der hohe Berg einen außerdem mit herrlichen Ausblicken über die Hügellandschaft hinunter ins Tal zum blau leuchtenden Happurger Stausee. Wie schön! Deswegen ist er auch das perfekte Naherholungsgebiet in der Hersbrucker Schweiz zum Innehalten und Auftanken für alle Mittelfranken, ob aus Fürth oder Erlangen, und aus Nürnberg sowieso. Echtes Urlaubsfeeling inklusive, denn ein romantisches Seeterrassen-Café direkt am idyllischen Stausee wartet nach getaner Bergsteigerarbeit darauf, einen zu verwöhnen.

UM SEINEN GIPFEL JAGEN NEBELSCHWADEN Man macht sich also voller Freude auf den Weg, betritt vergnügt und heiter die schmalen, manchmal steilen, oftmals überwucherten Wanderwege … bis man plötzlich vor einem zugemauerten Stollen mit vergittertem, schmalem Einlass steht, der einen neugierig näher treten lässt. Sofort spürt man: Das hier sind Überbleibsel einer schrecklichen Vergangenheit. Abgebrochene Bohrstangen sind an der Mauer befestigt. Rechts vor der zugemauerten ehemaligen Einfahrt befindet sich ein Häufchen aus Doggersand mit kleinen Steinklumpen vermischt und darauf eine rostige Schiene. Auf der anderen Seite alte, verrostete Gerätschaften wie abgebrochene Schaufeln, Hacken, ein alter, glasierter Tontopf … und in einem einfachen Rahmen die Fotografie eines freundlich blickenden, dunkelhaarigen Mannes.

Schaufeln ohne Pause: Zwangsdeportierte mussten Schwerstarbeit verrichten.

Und beim Anblick dieser Gegenstände wird einem bewusst: Man ist an einem dunklen und verlorenen Ort angekommen.

EINE UNTERIRDISCHE FABRIK Das heute zugemauerte und teilweise aufgefüllte Stollensystem, das sogenannte »Doggerwerk«, gehörte am Ende des Zweiten Weltkrieges zu einem groß angelegten Rüstungsprojekt der Nazis. Albert Speer, seit 1942 Reichsminister für Bewaffnung und Munition, hatte den Befehl gegeben, die Waffenproduktion unter Tage zu legen. Und damit Produktionsstätten zu schaffen, die vor den alliierten Bombenangriffen sicher waren. In den Doggersandstein der Houbirg sollten kilometerlange Stollen getrieben werden. Unsichtbar von außen, wollte man hier kriegswichtige Motoren für Jagdflugzeuge der Luftwaffe herstellen. Deswegen plante man, die Fertigung von BMW (der Bayerischen Motorenwerke München)

Eine Augenzeugin: »Die Häftlinge wankten zur Arbeitsstätte. Gehen konnte man das nicht mehr nennen.«

von Allach bei München in den Berg bei Hersbruck zu verlegen.

EIN RIESIGES AUSSENLAGER Doch für die Fertigung benötigte man Arbeitskräfte. Deshalb kamen am 17. Mai 1944 die ersten Häftlinge aus dem Konzentrationslager (KZ) Flossenbürg nach Happurg. Es waren zwangsdeportierte Menschen aus über 20 Ländern. In dem kleinen Dorf wurden sie in einer Scheune und im Saal des Wirtshauses Schwarzer Adler untergebracht. »Die Häftlinge kamen mit einem großen Lastauto, das hat ausgeschaut wie ein großer Viehwagen«, erinnerte sich die Wirtstochter. Bald reichten die provisorischen Unterkünfte für die rasant ansteigende Zahl der Zwangsdeportierten nicht mehr aus. Deswegen errichtete die SS (Schutzstaffel) in Hersbruck direkt neben dem Freibad ein Lager mit Stacheldraht und Wachtürmen. Ausgelegt war es für 2000 Häftlinge, zeitweise waren jedoch bis zu 6000 Menschen hier inhaftiert. Ein gigantisches, stets überbelegtes Außenlager des KZs Flossenbürg war entstanden, mit unvorstellbar grausamen Zuständen.

ZUM MALOCHEN GEZWUNGEN Am 1. Juli 1944 begann man mit dem Bau der unterirdischen Stollen in der Houbirg. Ganze 200.000 Quadratmeter groß sollte die gesamte Anlage werden. Am Ende des Krieges jedoch hatte der Stollen lediglich eine Gesamtfläche von 14.000 Quadratmetern und eine Gesamtlänge von vier Kilometern erreicht. Unter größter körperlicher Anstrengung und seelischer Not mussten die Inhaftierten riesige Tunnel in den Doggersandstein graben. Eine harte Arbeit, da man mit riesigen Bohrmaschinen und schweren Kompressoren hantieren musste. Und stets begleitete einen der Hunger, denn zu essen gab es fast nichts. Zudem war auch noch die Gefahr groß, an Typhus oder Fleckfieber zu erkranken – jeder Zweite starb deshalb infolge dieser grauenvollen Zustände.

WOHIN MIT DEN LEICHEN? Anfänglich brachte man die zahlreichen Toten noch in das Krematorium nach Nürnberg. Ab Januar 1945 verbrannte man sie bereits in einem eigens gebauten Krematorium in Förrenbach zu Füßen der Houbirg. Doch die Konstruktion war fehlerhaft – der Ofen funktionierte oftmals nicht. Wenn das geschah, mussten die Verstorbenen mit Lastwagen in den Wald bei Schupf oder Hubmersberg transportiert werden. Eine Zeitzeugin musste als Kind eines Nachts mit ihrem Vater einem alten »Mann mit einem Lastauto« helfen. »Er hat sich scheinbar woanders keine Hilfe holen trauen, weil er Angst gehabt hat vor der SS, dass sie schimpfen mit ihm oder was.« Denn beim Transport der Leichen nach Schupf war er in einen Graben gefahren, sodass alle toten Häftlinge vom Lastauto gefallen waren. »Dann waren wir die ganze Nacht mit der Taschenlampe unterwegs […] und haben Häftlinge aufgeladen. […] Es war fürchterlich.« Was für eine grauenvolle Geschichte!

Seeumrundung

Tiefes Durchatmen ist nun dringend angeraten. Das gelingt am besten bei einem Rundgang um den erholsamen Happurger Stausee. Der ist nämlich bei jedem Wetter eine Augenweide – und in jeder Stimmung ein Kraftspender.

Das Doggerwerk: nach dem Krieg vermauert, dann fast vergessen und 2018 zum großen Teil mit Zement verfüllt

Darunter sind die Brandopfer begraben. Die Hinterbliebenen bekamen 50 Mark Entschädigung – für die verbrannte Kleidung.

24

DIE VERHÄNGNISVOLLE TÜR

Denkmal Pulvermagazin in Fürth

Das große Denkmal auf dem Ehrengrabfeld des Fürther Friedhofs erinnert an einen tragischen Unfall im Jahr 1917. Nur ein kleiner, unachtsamer Augenblick ... und 43 Menschen »verkohlten zu unkenntlichen Klumpen«.

Adresse Erlanger Straße 97, Nordstadt, 90765 Fürth, Mittelfranken **GPS** 49.486147, 10.988870 **Anfahrt** Mit dem Bus 173, 174 oder 177 ab Maxstraße Süd bis Fürth Friedhof Nordeingang oder mit dem Auto auf der B 8 und weiter auf der Erlanger Straße fahren. Zu Fuß auf dem Friedhof zum Gedenkfeld 1. Weltkrieg, Bereich 43.

RUHET SANFT IN FRIEDEN Um dieses vergessene Monument für die Opfer des Brandunglücks im Pulvermagazin zu finden, muss man entweder wissen, wonach man sucht, oder ziemlich lange den Plan des Fürther Friedhofs studieren. Denn sogar den arbeitsamen Friedhofsgärtnern ist dieses Denkmal unbekannt. Doch wenn man den Gedenkstein für die Brandopfer schließlich am Rande des Friedhofs, mitten auf dem Ehrengrabfeld, gefunden hat, bleibt man unwillkürlich stehen und staunt. Denn dieser Ort ist ein Musterbeispiel eines verlassenen Fleckchens und voller Melancholie. Um das große Monument herum liegen viele Gräber von Soldaten, die im Ersten Weltkrieg gefallen oder im Lazarett gestorben sind. Nur Vogelgezwitscher ist zu hören. Die Bäume wiegen sich sanft rauschend im Wind. Man ist ganz allein unter all den Toten. Und je länger man hier verweilt, desto stärker wird das traurige Gefühl, dass keiner der Verstorbenen hier friedlich eingeschlafen ist.

ESKORTIERTE TOTENLADE Zwei Trauerweiden flankieren wie eine trübsinnige Leibgarde links und rechts den großen Gedenkstein aus dem Jahr 1922. Was für ein eindrucksvolles Monument. Groß, schwer und kastenartig steht es da. Wie ein altehrwürdiger Sarkophag, gefertigt aus Katzensteiner Sandstein, mit einem tischartigen Sockel, der den massiven Korpus zum Schweben bringt. Oben besitzt das Denkmal einen treppenartig gestuften Abschluss und wird mit einer steinernen Urne bekrönt, über die ein Tuch aus Stein geworfen ist. Neugierig fragt man sich, an welche Tragödie es wohl erinnern mag.

EIN DUMPFER KNALL Das grauenvolle Unglück, das während des Ersten Weltkrieges ganz Fürth in Schrecken versetzt hatte, ereignete sich im Pulvermagazin am Mittwoch, den 25. April 1917, gegen drei viertel zehn. Kurz nach der Frühstücksvesper gellte der fürchterliche Schrei des Vorarbeiters durch die Fürther Rüstkammer: »Retten!« Dann sprang er selbst aus dem Fenster. Der Chronist Paul Rieß (1864–1945) weiß Details: »In einem Arbeitssaal, in dem zirka 60 meist weibliche Personen mit dem Füllen von Schrapnells beschäftigt waren, war kurz nach der Frühstückspause auf ungeklärte Weise Feuer ausgebrochen. Es tat einen dumpfen Knall und der ganze Saal stand im Nu in hellen Flammen.«

EINE BRANDGEFÄHRLICHE ARBEIT Kurz vor dem Ersten Weltkrieg war in der Nähe von Weikershof, an der Schwabacher Straße, nördlich der Kreuzung mit der Rothenburger Straße, ein Artilleriedepot entstanden. Zu diesem gehörten das Pulvermagazin und eine Munitionsfabrik direkt daneben. Vor allem junge Frauen unter 30 Jahren waren im Pulvermagazin mit einer sehr fisseligen und

Tragisch: Die meisten, die hier begraben sind, wurden keine 30 Jahre alt.

äußerst gefährlichen Aufgabe beschäftigt: Sie befüllten Granathülsen per Hand. Dafür mussten sie zuerst den Sprengstoff abwiegen, dann in kleine Säckchen füllen und diese schließlich in die Granate einlegen.

EINE KLEINE UNACHTSAMKEIT Was genau an diesem Mittwochvormittag geschah, kann nur vermutet werden. Wahrscheinlich ließ jemand beim Arbeiten versehentlich eine Geschosshülse fallen. Man mag sich diese Schrecksekunde gar nicht vorstellen: das ungewollte Fallenlassen. Der dumpfe Knall. Der sich entzündende Funkenschlag, als die Hülse den Erdboden erreicht. Die auflodernden Flammen, die sich rasend schnell mithilfe des verschütteten Pulverstaubs ihren Weg durch den Saal bahnen. Schließlich das schreckliche Flammeninferno … und die grauenvollen Schreie. Und all das geschah innerhalb eines Atemzugs, denn der ganze Raum war ein einziges Pulverfass.

Dark Romance: Die nach unten gerichtete Fackel ist ein uraltes Trauersymbol.

EINE VERHÄNGNISVOLLE TÜR Nur eine einzige Arbeiterin sprang dem Vorabeiter durchs Fenster hinterher, berichtet der Chronist ausführlich weiter. »Die Anderen drängten der Tür zu, die unglücklicherweise nach innen aufging und so den Anstürmenden den Ausgang versperrte. Von den 60 Beschäftigten gelang es nur 9, dem rasenden Element zu entrinnen. 10 konnten mit zum Teil sehr schweren Brandwunden noch lebend den Flammen entrissen werden. Sie wurden mit Sanitäts- und Handwagen in die städtischen Krankenhäuser nach Fürth und Nürnberg verbracht.« Wo sie das Unglück jedoch nur wenige Tage überlebten. Die Nachricht verbreitete sich schnell: Großfeuer im Pulvermagazin! Die Feuerwehr aus Fürth und sogar aus Nürnberg, Sanitätsmannschaften und viele Ärzte eilten herbei. Zufällig vorbeifahrende Fuhrwagen hielt man kurzerhand an und spannte die Pferde aus. Denn die Feuerwehrzentrale selbst hatte nicht genug Pferde, um all ihre Geräte transportieren zu können. Grauen, wohin man blickte: »43 Personen fanden sofort den Feuertod, schrecklich verbrannt, zu unkenntlichen Klumpen verkohlt, wurden sie später aus den rauchenden Trümmern gezogen. Darunter befand sich ein Soldat, der kurz zuvor den Saal betreten hatte, um sich das Füllen anzusehen.« In einem Möbelwagen wurden die 43 Leichen in der Nacht zum Friedhof transportiert und in der dortigen

Leichenhalle auf Stroh aufgebahrt. Die meisten waren derart entstellt, dass man sie nicht identifizieren konnte. Und so versuchte man, die Toten an ihren Ringen oder an Stoffresten zu erkennen.

EINE GESCHOCKTE STADT Obwohl der Erste Weltkrieg bereits seit drei Jahren wütete und traurige Nachrichten an der Tagesordnung waren: Die Anteilnahme der Fürther an dieser schrecklichen Katastrophe war immens. »In unserer Stadt sah man mittags in allen Straßen Leute beisammen stehen, die das Unglück lebhaft besprachen«, berichtet der Chronist weiter. Danach wurde es totenstill in Fürth. Keine der Stadtglocken läutete an diesem Tag. Am Nachmittag des 27. April errichteten 40 Soldaten das Ehrengrab. Zwölf Meter lang und sechs Meter breit hoben sie eine Massengrube auf dem Ehrengrabfeld des Fürther Friedhofs aus. Währenddessen waren Fürther und Nürnberger Sargschreiner in Akkordarbeit mit der Anfertigung der Särge beschäftigt. Unter der Anwesenheit von Tausenden von Fürthern fand am 28. April die Beerdigung statt. Mit Trauermusik. Dann wurde es auch am Friedhof still.

EIN STEINERNES MONUMENT Vergessen wurden die Verunglückten aber nicht. Fünf Jahre später, im Juni 1922, errichtete man das eindrucksvolle Denkmal auf dem Ehrengrabfeld der Opfer des Ersten Weltkriegs – dort, wo ehemals die Verbrannten im Massengrab bestattet worden waren. Heute hingegen weiß kaum jemand mehr Bescheid über diese Tragödie, die sich vor über hundert Jahren ereignet hat. Während man in Gedanken versunken vor dem Monument steht, scheinen einen die langen, herabhängenden Äste der Trauerweiden näher heranzuwinken. Man tritt näher und erkennt, dass sämtliche Namen der Brandopfer auf

Eine düstere Gemeinschaft aus gewaltsam Verstorbenen ruht hier ganz verlassen.

der vermoosten Oberfläche vermerkt sind. Man kann gar nicht anders, als die vielen Namen zu entziffern und sich auszurechnen, wie jung sie waren, als sie gestorben sich. »Hier ruhen […] B. Walburga 18. VII 1893, D. Anna Magda 19. IV. 1887 […].«

Historischer Pavillon

Vielleicht hat auch er zwischenzeitlich den Weg alles Vergänglichen genommen: der historische Pavillon an der Friedensstraße. Ihm droht nämlich seit Längerem der Abriss. Errichtet wurde der kleine und äußerst charmante Holzbau im Jahr 1907 nach den Plänen des bekannten Fürther Architekten Leo Gran (1851–1911). Nicht weit vom Friedhof entfernt, wurde er ursprünglich als Grabsteinlager genutzt. Und später, in den 1970er-Jahren, war hier ein kleiner Blumenladen untergebracht.

Nun kommen die geheimnisumwobenen, verlassenen, manchmal auch sehr mysteriösen Orte ins Spiel. Es wird rätselhaft! (Kapitel 33)

MYSTISCH

25

NUR EIN SCHREI DIE STILLE STÖRTE

Kapellenruine bei Arzlohe

»Auf froher Bergeshalde, auf fast verlorener Spur,
steht ein verfall'n Gemäuer, gar einsam in der Flur.
Zum heil'gen Baum sie's nennen, ein Kirchlein war's fürwahr,
in Trümmern liegt's, wohl viele hundert Jahr.«
(Altes Gedicht über die Kapellenruine)

Adresse Arzlohe, Kriegenbrunn, 91224 Pommelsbrunn, Nürnberger Land, Mittelfranken **GPS** 49.48368, 11.51414 **Anfahrt** Mit der S 1 bis Haltestelle Pommelsbrunn oder mit dem Auto auf der B 14 und in Pommelsbrunn in die Arzloher Straße fahren.

Die abgeschiedene Ruine könnte als Bühnenbild für einen Schauerroman dienen.

EINSAM UND VERFALLEN Die Kapellenruine Zum heiligen Baum hat all das, was man sich von einem verlassenen Fleckchen wünscht. Sie ist quasi das Musterbeispiel eines Lost Place und hätte dem Dark-Romantik-Schriftsteller Edgar Allan Poe wahre Freude bereitet. Lediglich von Feldern, Wiesen und Wäldern umgeben, befindet sich die Ruine in Sichtweite des Dörfchens Arzlohe auf einer Hochebene über dem Högenbachtal im Nürnberger Land. Ruinös, doch liebevoll restauriert, ragen von der ehemals einschiffigen spätgotischen Kapelle nur noch das Portal, die bis zu fünf Meter hohe Umfassungsmauer und ein sehr romantisches Spitzbogenfenster in die Höhe. Markante Linden, von denen sich einige sogar innerhalb der Ruinenmauern ausgebreitet haben, verbinden das irdische Gebäude mit dem göttlichen Himmel.

EIN MYSTISCHER ORT Das Gemäuer selbst scheint schon als Ruine geboren zu sein – zumindest sprechen Quellen seit über einem halben Jahrtausend von ihm als »Ruine«. Nur eine kirchliche Randnotiz aus dem Jahr 1480 berichtet von einer Filialkirche »Im Paum«. Ob sie damit gemeint ist? Mysteriös bleibt auch, ob sie tatsächlich als Pestkapelle geweiht wurde und ob ihre Bezeichnung »Zum heiligen Baum« auf eine vorchristliche Kultstätte hinweisen könnte. Vielleicht auf einen ehemals heiligen Ort der Kelten und Druiden? Vorstellbar wäre es … Kein Verkehrslärm erreicht diesen Ort der Stille. Ungewöhnlich in heutigen Zeiten, in denen man auch in freier Natur längst daran gewöhnt ist, die Autobahn in der Ferne rauschen zu hören. Hier jedoch hört man nur den Wind. Oder man lauscht dem melodischen Gesang der Singdrossel und dem Trommelwirbel eines klopfenden Buntspechtes. Bis wieder Totenstille herrscht.

MORD AUS EIFERSUCHT Doch so friedlich dieser altertümliche Ort heute auch scheint, so kann er doch mit einer mörderischen Geschichte aufwarten. Es ist das Jahr 1496. Der Bader Hans von Arzlohe und der Wagner Jörg von Hartmannshof hatten sich unsterblich in die schöne Hirtentochter Dorle verliebt. Sie aber, so berichten es die Quellen, »hatte den Böhmen Joseph Slobek gern«. Dieser war ein Verwandter der in Stallbaum ansässigen Hussiten. Die beiden eifersüchtigen Einheimischen fielen über den Nebenbuhler her, erschlugen ihn und warfen »die Leiche des Slobek in die Ruine«. Man mag es sich kaum vorstellen: den wütenden Kampf, die dumpfen Schläge, den entsetzlichen Schrei … und die Totenstille, als die Ruine zum Grab wurde.

RÄTSELHAFT Warum aber legten die beiden den Leichnam ausgerechnet in das Ruineninnere? Spürten sie trotz aller mörderischen Brutalität die Kraft dieses besonderen Ortes? Bereuten sie vielleicht sogar ihre Tat? Fragen, die man heute nicht mehr beantworten kann. Nur so viel ist gewiss: Der Mord war nicht unbeobachtet geschehen, doch es kam zu keiner

Zu jeder Jahreszeit lohnt sich ein Ausflug zu dieser geheimnisvollen Kapelle.

Anklage, denn Friedel, der Augenzeuge, war stumm, konnte nur gestikulieren und wurde deshalb »nicht für ganz voll genommen«.

MEA CULPA Dass dieser grausame Mord aus Leidenschaft zwölf Jahre später doch noch aufgeklärt werden konnte, ist dem schlechten Gewissen des Hans von Arzlohe geschuldet. Während er wegen eines anderen Delikts im Gefängnis saß, gestand er im August 1508 auf seinem Sterbebett die Tat und zog damit Jörg, der inzwischen die schöne Hirtentochter geheiratet hatte, mit in die Verantwortung … Denn nach diesem Geständnis wurde amtlich angewiesen, »mit Peinlichkeit gegen ihn [Jörg] zu fahren« und ihm mittels peinigender Folter ein Geständnis zu entlocken.

Rund um die Kapelle

Alle Jahre wieder, am 21. Dezember, verzaubert die Waldweihnacht der Kirchengemeinde Pommelsbrunn Groß und Klein. Mit Fackellicht ziehen die Menschen zur Kapellenruine. Während des restlichen Jahres lockt der Rundwanderweg rotes »D« mit herrlichen Ausblicken und köstlichen Einkehrmöglichkeiten (www.urlaub.nuernberger-land.de).

In dem unscheinbaren Waldstück erinnert heute nur noch ein kleiner Stein an das ehemals imposante Sippengrab.

26

WÜRDEVOLL GEDÖRRT

Hügelgrab in Kriegenbrunn

Wäre doch Hauptlehrer Konrad nicht so neugierig gewesen. Dann hätte Anthropologe Fröhlich nicht verzweifeln müssen. Und die vielen Toten hätten vielleicht heute noch ihre ewige Ruhe.

Adresse Hügelgrab im Krähenholz, Kriegenbrunn, 91056 Erlangen, Mittelfranken **GPS** 49.55533, 10.97319 **Anfahrt** Mit dem Bus 281 bis Kriegenbrunn Neuenweiherstraße, mit dem Auto über die A 3 bis Ausfahrt Erlangen-Frauenaurach, dann die Pappenheimer Straße bis zur Neuenweiherstraße fahren.

DER WISSBEGIERIGE LEHRER Beginnen wir am Anfang vom Ende: Am Donnerstag, den 10. März 1930, war die Neugierde bei Hauptlehrer Konrad nicht mehr zu bremsen gewesen. Er machte sich an diesem Tag auf den Weg in das Krähenholz, ein kleines Waldstück bei Kriegenbrunn im Regnitztal. Dem Grundschullehrer waren nämlich mehrere Sagen über ein frühgeschichtliches Grab zu Ohren gekommen, deren Wahrheitsgehalt er nun überprüfen wollte. Eifrig, wenngleich höchstwahrscheinlich wenig wissenschaftlich, machte er sich ans Werk und grub im Wald tief in den Grabhügel hinein, der durch eine Steinkuppel gebildet wurde. Scherben, Bronzestücke und sogar Skelettteile entfernte er aus dem Grab und brachte sie nach Erlangen.

DER GRABENDE HEIMATVEREIN Studienprofessor Hermann Hornung (1885–1969), der damalige Vorsitzende der Arbeitsgruppe Vorgeschichte des Erlanger Heimatvereins, sichtete zuerst die Exponate und dann den Bestattungsort. Schnell wurde ihm klar: Dieser einzelne Grabhügel mit einem Durchmesser von elf Metern stammte aus der Späthallstattzeit (um 600 v. Chr). Im Mai und Juli 1930, gerade mal neun Tage lang, wurde die Grabungsstätte durch den Heimatverein gründlich untersucht … und wohl noch gründlicher abgetragen. Von den Ausgrabungsarbeiten erstellte Hornung fleißig um die hundert Fotos, die er später dem Erlanger Stadtarchiv zur Verfügung stellte. Ein Zeitzeuge hielt damals fest: »Für die Grabungsarbeiten wurden Arbeiter und Bauern aus Kriegenbrunn und Frauenaurach mit hinzugezogen.« Und weiter, etwas süffisant: »Einer lehnt sich an einen Pfosten und die 3 Anderen haben die Hand in der Hosentasche. Wenn so ein Grab ein Alter von rund 2600 Jahren hat, kommt es auf ein paar Stunden auch nicht mehr an.« Und doch: Bereits im September wurde die Begräbnisstätte wieder aufgefüllt und geschlossen. Auf dem zugeschütteten Grab brachte man einen Erinnerungsstein an, der mit folgender Inschrift versehen wurde: »Vorgesch. Sippengrab / Um 600 v. Chr. / Freigel. 1930 vom Heimatverein Erlangen«. Dahinter pflanzte man eine sturmfeste Roteiche, eine ursprünglich nicht in Franken, sondern Nordamerika heimische Pflanzenart. Von außen sah es nun fast so aus wie zuvor. Fast! Denn sanft in Frieden ruhen konnte nun wohl niemand mehr in dieser uralten Grabkammer, die systematisch geleert worden war. Nur in zwei kleinen Artikeln und einem 22-seitigen Buch veröffentlichte der Studienprofessor seine Ergebnisse. Dann kehrte vergessliche Ruhe ein, …

DER VERZWEIFELTE ANTHROPOLOGE … bis sich im Jahr 1974 der Erlanger Professor Bernhard Hänsel (1937–2017) ans Werk machte. Hänsel, eine international anerkannte Kapazität der Vor- und Frühge-

Hier befand sich einst der Grabhügel mit einem Durchmesser von elf Metern.

schichte, untersuchte die reichen Grabbeigaben. Da gab es nicht nur ziegelrote Töpfe und flachbauchige Schalen, sondern auch bronzene Stöpsel-Ohrringe und sogar eine wunderschöne Halskette aus blaugrauen Glasperlen. Hänsel zog weitere Experten hinzu. So begutachtete ein Erlanger Zahnarzt gefundene Zähne und entdeckte, dass einige davon Brandspuren aufwiesen. Siegfried Fröhlich (1937–2018), ein Anthropologe der Universität Bochum, untersuchte gründlichst alle menschlichen Überreste … und war entsetzt. Am 3. März 1976 schrieb er ganz verzweifelt in einem Brief: »Das Material ist so schlecht, ich hätte weinen können, ob da nicht einer nur ¼ aufgelesen hat?« Und am 23. April: »Ich weiß nicht, wer das Material geborgen hat, doch es sind sicher keine Archäologen gewesen.«

GRUSELIGE ZEREMONIE Dennoch waren die Ergebnisse sensationell. Unter dem Hügel im Wald hatte man um die 16 Personen, überwiegend Frauen, begraben – kostbar geschmückt und mit reichen Grabbeigaben für das Leben im Jenseits ausgestattet. Soweit noch feststellbar, lagen die Toten auf dem Rücken, die Arme seitlich am Körper. Trotz des schlechten Zustands der Knochen fand man auch »ansehnliche Reste der Schädelhaut«, an denen der Fachmann erkannte: Die Verstorbenen waren würdevoll geröstet und gedörrt worden. »Da ihre Leichen nur auf diese Weise die lange Dauer der Zeremonien aushalten konnten, ohne gänzlich in Verwesung zu zerfallen.« Als Laie hingegen erschauert man bei dieser Vorstellung.

VERGESSEN Heute, im 21. Jahrhundert, ist das ehemalige Sippengrab ein echter Lost Place. Von Moos bewachsen und etwas schief steht der Gedenkstein verloren mitten im Wald. Hat man ihn endlich gefunden, weiß man zwar, dass hier keine Toten mehr sanft und in Frieden ruhen. Und doch spürt man bei längerem Verweilen: Das hier ist ein guter Platz; ruhig und kraftvoll, sehr einsam, aber nicht gottverlassen.

Wo einst die reich ausgestatteten Grabkammern waren, wurzelt heute die Roteiche.

Im Stadtmuseum

Im Stadtmuseum in Erlangen kann man einige der faszinierenden Fundstücke aus dem Sippengrab bewundern. Unbedingt angucken! Das Museum ist dienstags, mittwochs und freitags von 9 bis 17 Uhr, donnerstags von 9 bis 20 Uhr und samstags/sonntags von 11 bis 17 Uhr geöffnet (www.stadtmuseum-erlangen.de).

Skelettreste und »ein Stück Leichenbrand« wurden hier wenig professionell ausgegraben.

27

EIN DÜSTERN ORT MIT TIEFER STILLE

Waldmannsweiher in Fürth

Mitten in Fürth liegt ein mysteriöser Teich. Sagen erzählen von einem Hochzeitspaar, das – einst hier in seiner Kutsche ertrunken – noch heute über den See fahren soll. Alte Zeitungsberichte schockieren stattdessen mit wahrhaft düsteren Schlagzeilen.

Adresse Waldmannsweiher, Fürther Wiesengrund, 90766 Fürth, Mittelfranken **GPS** 49.47450, 10.97939 **Anfahrt** Mit der U 1 bis Stadthalle oder mit dem Auto die Südwesttangente bis zu Ausfahrt Fürth-Stadtmitte, dann die Schwabacher Straße bis zur Uferpromenade fahren.

Auch bei schönstem Sonnenschein wirkt der tote Nebenarm der Rednitz unheimlich.

WALDMANNSWEIHER Das Gewässer, das seinen heutigen Namen höchstwahrscheinlich Magistratsrat Daniel Waldmann (1819–1895) zu verdanken hat, ist das Überbleibsel eines Rednitzarms. Doch so malerisch der Weiher auf den ersten Blick wirken mag, er ist im wahrsten Sinn des Wortes ein toter Nebenarm. Während viele Spaziergänger nichtsahnend über den Hardsteg schlendern oder gestresste Eltern eine kleine Auszeit am anderen Ufer nehmen und mit jubelnden Kleinen im Kinderwagen die Wildgänse bewundern, spüren aufmerksame Besucher vermutlich auch die dunkle Aura des Weihers. Bleibt man am Ufer stehen und lässt den See auf sich wirken, scheint er einem sogar einen düsteren Streich spielen zu wollen. Die Spiegelungen auf seiner Wasseroberfläche wirken fast realer als die Wirklichkeit und scheinen die Welt auf den Kopf zu stellen. Nur ein trügerisches Gefühl?

EIN FIASKO Taucht man in seine Geschichte ein, so ist schon seine Entstehung eine einzige Katastrophe. Der Fürther Stadtchronist Georg Tobias Christoph II. Fronmüller (1809–1889) berichtet in seinen Aufzeichnungen für das Jahr 1784 von einem fürchterlichen Hochwasser in der Nacht vom 27. auf den 28. Februar: »Die Regengüsse waren so heftig, dass von dem strömenden Wasser die Buden und Stände in den Straßen und besonders auf dem Markte gehoben und zum Theil abwärts geführt wurden […]. Auf der

Kannte diese einsame Spaziergängerin aus dem Jahr 1934 die düsteren Geschichten?

Rednitz kamen abgerissene Stallungen, Hausgeräthe, Vieh geschwommen […].« Als sich das Hochwasser zurückzog, verlandete die Verbindung zur Rednitz. Dadurch bildete sich ein vom Fluss abgetrennter See – ein Grab für die armen fortgespülten Tiere und eine Halde für die hierher geschwemmten Gebäude oder Gerätschaften. Ein unheimlicher Lost Place war entstanden, in dessen Tiefe nun Düsteres lagerte.

VOM »NAZI-GOLD« UND ANDEREN GESCHICHTEN Ab 1822 kamen erste Gerüchte auf. So soll der Weiher eigentlich ein Sumpf gewesen sein, von einer warmen Quelle gespeist und ungeheuer tief. Später, ab der zweiten Hälfte des 20. Jahrhunderts, flüsterte man sogar von »Nazi-Gold«. Denn wahre Schätze sollen in dem 12.000 Quadratmeter großen und um die viereinhalb Meter tiefen Weiher während des Zweiten Weltkrieges versenkt worden sein. Wer weiß das schon so genau? Kein Wunder, dass »Waldmannsweiher« im Internet zu einem Begriff mit enorm vielen Klicks geworden ist. Bis heute wird auch gemunkelt, dass ein Hochzeitspaar in seiner Pferdekutsche im Weiher ertrunken sein soll und seither – immer am Hochzeitstag – nachts über den See fährt. Manch einer will es sogar schon gesehen haben. Gruselig!

TRAURIG, ABER WAHR Tatsächlich endeten hier viele Schicksale. Es sind die unglücklichen Lebensmüden oder die armen Pechvögel, die diesen See zu einer traurigen Berühmtheit werden ließen. Die Zeitungen berichteten reichlich. Die schlimme Schlagzeile für den 29. Dezember 1884: »Ertrunken | Die Horndrechslerfamilie Zick wurde gestern Nachmittag in tiefe Trauer versetzt. Deren elf- und siebzehnjährige Söhne vergnügten sich auf dem in der Nähe der Stadt liegenden Waldmannsweiher. Der Jüngere brach ein, der Ältere wollte seinen Bruder retten. Beide verschwanden unter dem Eise.« Eine weitere Tragödie ereignete sich am 3. Oktober 1885. Der Güterschaffner (gemeint ist ein Spediteur) F. wurde aus dem Weiher gezogen. Er soll an Trübsinn gelitten haben. Und am 14. September 1886 ertränkte sich im See ein 22-jähriges Dienstmädchen. Wie unendlich traurig! Auch die Zeitungsnotiz vom 19. Dezember 1889 zerrt heute noch an den Nerven: »Selbstmord | Der Waldmannsweiher war gestern Nachts der Schauplatz eines Dramas. Weibliche Bewohner der verlängerten Marienstraße hörten Geplätscher und Hilferufe. Als Hilfe zur Stelle war, umgab den düstern Ort tiefe Stille. Heute Früh wurde aus dem Weiher die Leiche des ledigen Sekretariatsgehilfen Dörr am f. Landgericht gezogen.«

UNTERGEGANGEN MIT DEM ROSS Besonders dramatisch war der Unfall des 19-jährigen Bierführersohnes und Ackerknechts

Unwillkürlich gruselt man sich! Ist das die trostlose Stelle, an der Georg Kirschbaum zusammen mit seinem Pferd ertrank?

Georg Kerschbaum am 23. August 1918. An diesem heißen Sommertag hatte der junge Bursche an der angrenzenden Wiese das Heu gewendet. Georg Paul Rieß (1864–1945) notierte in seiner Fürther Stadtchronik: »Bei der Hitze wollte er sein Pferd in dem Weiher tränken, er tat das, ohne das Tier abzuschirren. Dem Pferde ist jedenfalls das Wasser am Rande zu warm gewesen, darum schritt es mit der Heuwendemaschine etwas tiefer ins Wasser und geriet dabei an eine abschüssige Stelle, in der es binnen Sekunden versank. Kerschbaum wollte die Situation dadurch retten, dass er die Zügel straff anzog; dadurch wurde er mitgerissen und ertrank ebenfalls wie das Pferd. Erst nachmittags gegen 2 ¾ Uhr gelang es, ihn als Leiche, mit dem Gesicht nach unten, in 5 Meter Tiefe aufzufinden und auch die Maschine nebst Pferdekadaver zu bergen.« Noch heute, über 100 Jahre später, packt einen bei diesem Bericht das blanke Entsetzen und man spürt den dringenden, aber sinnlosen Wunsch, dem jungen Mann zu Hilfe eilen zu wollen. Was für ein schicksalsschwerer Weiher!

Die Kißkalt'schen Häuser

Nach solch furchtbaren Geschichten tut ein Spaziergang an der Uferpromenade der Rednitz mehr als gut. Eine Besonderheit sind die sogenannten Kißkalt'schen Häuser, die Johann Georg Kißkalt junior (1859–1920) als günstige Arbeiterwohnungen 1889/99 ganz im Stil der Fürther Industriebauten errichtete. Man muss einfach stehen bleiben und sich über die Schönheit dieser ehemaligen Mietshäuser mit ihren verschiedenfarbigen Backsteinen und Sandsteingliederungen freuen. Ob sie Georg Kerschbaum wohl auch gefallen haben?

Hat man das einsame Steinkreuz im düsteren Wald gefunden, bleibt es nicht aus: Man fürchtet sich.

28

HINTERRÜCKS ERMORDET

Studentenkreuz im Neunhofer Forst

Schwer zugänglich steht das kaum bekannte Studentenkreuz im sumpfigen Sooser Waldgebiet. Es erinnert daran, dass genau an dieser Stelle vor über hundert Jahren ein hinterhältiger Raubmord geschah.

Adresse Studentenkreuz, Neunhofer Forst, 90562 Neunhof, Landkreis Nürnberg, Mittelfranken **GPS** 49.51787, 11.06754 **Anfahrt** Mit dem Bus 39 bis Haltestelle Nürnberg Neunhof oder mit dem Auto auf der B 4, dann Am Knappsteig und die Lachfelderstraße bis zum Grenzweg im Kraftshofer Forst fahren.

SUMPFIG UND ABGELEGEN Im Osten von Neunhof, im Knoblauchsland, liegt das Feuchtgebiet Soos. Ob üppig blühende Märzenbecher oder die seltene Flatterulme: Hier sind sie zu finden. Ein Paradies für florabegeisterte Frohnaturen. Doch selbst bei einem ausgiebigen Aufenthalt in der Soos wird man dieses besondere Steinkreuz rein zufällig nicht entdecken, denn es liegt tief im Wald, umgeben von Totholz und Gestrüpp. Tümpel, Bächlein und Pfützen machen nicht nur nach Regenwetter diese Erkundungstour zu einem abenteuerlichen Ausflug. Festes Schuhwerk ist deshalb dringend zu empfehlen.

EIN STEINERNER ZEUGE Folgt man vertrauensvoll einem kleinen Trampelpfad, steht es auf einmal vor einem, dieses um die 1,30 Meter hohe Steinmonument. Es ist das jüngste unter den Kreuzen im Sebalder Reichswald und den mittelalterlichen Sühnekreuzen nachempfunden, die in der Regel für eine begangene Straftat wie Mord oder Totschlag errichtet wurden. Deutlich sind auf der Oberfläche die Bearbeitungsspuren mit dem Meißel zu erkennen. Die Vorderseite schmückt eine Verzierung. Es ist der verschlungene Zirkel der Studentenverbindung Uttenruthia Erlangen, die 1836 als erste nicht schlagende Verbindung Deutschlands gegründet wurde. Ein riesiger Kranz aus Nadelbaumzweigen, der um das Kreuz gelegt ist, zeigt, dass dieser Ort nicht ganz vergessen ist und der heutigen Studentenverbindung »zum Gedenken an unsere Toten« dient.

EIN ABGELEGENER TATORT Der erste Eindruck: Dies ist ein einsamer Ort, aber nicht gruselig. Verweilt man jedoch länger, wird jedes Knacken in unmittelbarer Nähe unheimlicher und lässt einen unwillkürlich über die Schulter blicken. Ist da doch noch jemand? Ganz unbegründet ist der furchtsame Schauder nicht, schließlich steht man hier genau an der Stelle, an der vor über hundert Jahren der Germanistikstudent und Pfarrersohn Zacharias Friedrich Schmidt hinterhältig ermordet wurde. Eine grausame Tat, die bis heute nicht aufgeklärt werden konnte.

DEM KRIEG ENTRONNEN »Zach«, wie ihn seine Kumpels nannten, stammte aus Zeilitzheim, einem kleinen Dörfchen im Landkreis Schweinfurt in Unterfranken. Er war der Sohn von Pfarrer Zacharias Karl Schmidt, studierte seit dem Wintersemester 1918/19 an der Friedrich Alexander Universität und war Mitglied der Studentenverbindung Uttenruthia Erlangen. Dem Ersten Weltkrieg war er entronnen, doch kann man sich gut vorstellen, dass ihn die Erinnerungen an die in Schützengräben oder auf den Schlachtfeldern liegenden Leichen noch immer verfolgt haben könnten. Vielleicht mag er sich ebenso an die überfüllten Lazarette erinnert haben, in denen schließlich Ende des Krieges auch noch die Spanische Grippe wütete. Möglicherweise hatten gerade diese schrecklichen Erfahrungen dazu geführt, dass er gerne »den frohen Liedern der Vögel

Man sieht es diesen Uttenruthia-Studenten an: Sie haben viel Spaß miteinander.

lauschte und gerne in seinem Walde einsam ging«, wie ihn der Geistliche Valentin Söllner bei seiner Grabesrede beschreiben wird.

DER MORDTAG Es ist der 20. März 1919. An diesem verhängnisvollen Donnerstag will Zacharias mit mehreren Bundesbrüdern von Erlangen nach Nürnberg fahren, um im Herkules Saalbau der Aufführung von Franz Schuberts »Stabat mater« zu lauschen. Als Zacharias den Erlanger Bahnhof erreicht, muss er feststellen, dass der Zug Verspätung hat. Nichts Ungewöhnliches in der Nachkriegszeit, denn häufig mangelt es an Kohlen für die Dampflokomotive. Zach scheint das Leben in vollen Zügen genießen zu wollen, denn er nutzt die langweilige Wartezeit und besucht ein Café – und verpasst so die Abfahrt der Eisenbahn. Als Naturbursche macht er sich nun zu Fuß auf den Weg Richtung Nürnberg. Man kann ihn fast vor sich sehen, wie er, von Kaffee und Kuchen glücklich gestärkt, vielleicht sogar leise vor sich hin pfeifend und voller Vorfreude auf das schöne Konzert losmarschiert … und nie wieder lebend gesehen wird.

Sehr einsam und fern dem städtischen Treiben liegt auch das Poetenwäldchen.

DAS ENDE IN DER LEICHENHALLE Dreieinhalb Wochen lang gab es die wildesten Gerüchte. So sollen Kinder beim Schlüsselblumen-Suchen zwar seine Leiche entdeckt, ihn aber für einen Schlafenden gehalten haben. Schließlich erstattete der Vater bei der Nürnberger Kriminalpolizei eine Vermisstenanzeige. Und so machte sich eine fast vierzig Mann starke Truppe auf die Suche. »Jeder Reisighaufen« entlang der Straße wurde umgewendet und »manche verdächtige Stelle« aufgegraben. Doch nichts – der Student blieb spurlos verschwunden. Bis der Forstamtsassessor am 13. April 1919 mitten im Sooser Waldgebiet auf den toten Studenten stieß. In der Leichenhalle mussten die Kommilitonen schließlich die Leiche von Zacharias identifizieren. Der Leichenbeschauer konstatierte nach der Sektion: Zacharias war in den Rücken geschossen worden. Die Kugel war ins Herz eingedrungen und hatte den Germanistikstudenten getötet. Sein Geld, seine Uhr, den Überzieher, sogar ein Täschchen und noch andere Kleinigkeiten hatte der Mörder mitgenommen. Die Weste, die Zach getragen hatte, war halb heruntergezogen worden, als habe man ihn durchsucht.

VOLL DES GUTEN GLAUBENS Doch wie konnte das passieren? Wie war der Pfarrerssohn nur in das entlegene Waldgebiet gelangt? Hatte sich jemand zu ihm gesellt? Und warum hatte er seinem Mörder den Rücken zugedreht? In den wenigen archivarischen Quellen, die es über Zacharias und seine Angehörigen gibt, findet sich keine Antwort darauf. Aber sie zeichnen über diese Familie ein sympathisches, den Menschen sehr zugewandtes Bild. So hatte der Vater auf eine Rundfrage des Bayerischen Vereins für Volkskunst und Volkskunde auf die Glaubensvorstellung bezüglich Hexen am 11. Februar 1909 augenzwinkernd mit einer Anek-

Abenteuerlich geht es auf kleinen Trampelpfaden und vorbei an umgestürzten Bäumen zum gruseligen Tatort.

dote geantwortet: »In meiner Jugendzeit kam es noch vor, dass eine Frau als Hexe beschimpft wurde. Sie beklagte sich bei meinem Vater, der die vor Schmerz ausser sich geratene gut zu trösten verstand. Auf dem Nachhauseweg traf sie mit ihren Verläumdern zusammen, humorvoll wie sie nun war, spukte sie auf ihre Finger, machte gegen die Kuh des Verläumders ein Kreuzeszeichen mit den Worten: So, heit Nacht geits widder a Mass Milch wenger.« Vielleicht war auch Zacharias so ein zugewandter Menschenfreund gewesen. Und vielleicht wurde ihm dieser Wesenszug in diesen unruhigen Zeiten schlichtweg zum Verhängnis. Wer weiß?

DIE SCHLAGZEILE Das Erlanger Tagblatt schrieb in seiner Ausgabe vom 16. April 1919: »Es ist schauderhaft, wohin wir gelangt sind. Also wegen eines Überziehers und einer Uhr hat so eine Bestie von Menschengestalt ein junges Menschenleben ohne weiteres niedergeschossen. Hoffentlich gelingt es noch, den ruchlosen Täter ausfindig zu machen und seiner verdienten Strafe entgegenzuführen.« Doch der im Zeitungsbericht geäußerte hoffnungsvolle Wunsch blieb unerfüllt. Der hinterhältige Mörder wurde nie gefasst. Und so mag man heute, am einsamen Gedenkstein stehend, vielleicht an eine Strophe aus Franz Schuberts »Stabat mater« denken, der Zacharias nicht mehr hatte lauschen können: »Wer wird Tränen sanften Mitleids nicht mit diese[m] Frommen weinen?«

Der Pegnesische Blumenorden

Bestimmt hat der nahe gelegene Irrhain auch dem Naturfreund Zacharias gut gefallen. Diese wunderschöne naturnahe Anlage des Pegnesischen Blumenordens mit seinem uralten Sandsteinportal, den vielen Gedenksteinen aus dem 18. und 19. Jahrhundert sowie dem Schillerdenkmal aus dem Jahr 1907 lässt auch heute noch romantische Herzen höherschlagen (www.blumenorden.de/der-irrhain/).

29

DAS AUSGESTORBENE KIRCHLEIN

Wehrkirche in Kriegenbrunn

Die kleine Wehrkirche im Erlangener Land hatte es schon immer schwer. Im Mittelalter erbaut als Schutz gegen Raub und Totschlag, dann heimgesucht vom Teufel, im Barock komplett ausgestorben und heute fast vergessen ... wären da nicht dramatische Schlagzeilen in der Zeitung.

Adresse Bruckweiherstraße 3, Kriegenbrunn, 91056 Erlangen, Mittelfranken **GPS** 49.55478, 10.95287 **Anfahrt** Mit dem Bus 281 bis Haltestelle Kriegenbrunn Bruckweiherstraße oder mit dem Auto auf der A 3 bis zur Ausfahrt Erlangen-Frauenaurach, dann die Herzogenauracher Straße, die Pappenheimer Straße und die Kriegenbrunner Straße bis zur Bruckweiherstraße fahren.

Kinder, Frauen und alte Menschen fanden im Kircheninneren Schutz vor den Geschossen der Angreifer ... und Trost im Gebet.

Das ganze Dorf war menschenleer
und von allen guten Geistern verlassen.

BESCHEIDENHEIT IST EINE ZIER Erblickt man das erste Mal die uralte Wehrkirche in Kriegenbrunn bei Erlangen von der kleinen Dorfstraße aus, dann hat man das Gefühl, sie möchte gar nicht wirklich entdeckt werden. Denn alles hier wirkt bescheiden: Ein restaurierungsbedürftiges Sandsteinmäuerchen aus dem 15. Jahrhundert umschließt unauffällig das Areal. Und die Kirche selbst, die Johannes dem Täufer geweiht ist, steht zurückgesetzt und kontemplativ in sich versunken auf dem Kirchhof. Sogar die Kirchturmuhr gibt sich äußerst dezent. Unscheinbar teilt sie sich mit einer Belüftungsöffnung eine Gaube auf dem schönen Pyramidendach des dreigeschossigen Chorturmes aus dem 13./14. Jahrhundert.

ABWEHR IST EINE TUGEND Der Chorturm selbst präsentiert sich ganz wehrhaft mit Schießscharten. Sogar das Langhaus aus der ersten Hälfte des 15. Jahrhunderts scheint der Meinung zu sein, dass die Abwehr hier das Sagen hat. Kompakt hat es die Breite des Kirchturms angenommen; Fenster scheint es fast überflüssig zu finden.

KEINE LEICHTE BEUTE Die Dorfkirche in Kriegenbrunn ist ein Gotteshaus mit Doppelfunktion. So ist sie nicht nur ein Gebetshaus für Gläubige, sondern zugleich eine befestigte Wehrkirche. Wie eine Stadtmauer oder Burg bot sie ehemals Zuflucht und Schutz vor Angreifern. Schließlich musste die ländliche Bevölkerung in kriegerischen Zeiten stets damit rechnen, überfallen, ausgeraubt, misshandelt oder sogar getötet zu werden. Und so flüchteten die Menschen mit ihren Tieren und Habseligkeiten im Ersten Markgrafenkrieg (1449–1450), aber auch während des Dreißigjährigen Krieges (1618–1648) hinter die befestigten Mauern der kleinen Dorfkirche. Aufzeichnungen wie die des Nürnberger Patriziers Erasmus Schürstab (1426–1473) zeigen allerdings auch, dass selbst eine befestigte Kirche nicht immer ein sicherer Ort war. Am 24. August 1449 schrieb Schürstab in seinem Kriegstagebuch anlässlich des Ersten Markgräflichen Krieges: »[…] sturmten den Kirchoff [in Offenhausen] […] und gewunnen in mit gewalt […]«. Und immer wieder notierte er den schrecklichen Satz: »Do slugen si auch etlich pawern zu todt.«

EIN VERLASSENES GEISTERDORF Eine einzige Katastrophe für Kriegenbrunn und die kleine Wehrkirche war schließlich der Dreißigjährige Krieg. Man mag sich die Zustände gar nicht vorstellen, denn 1640 gab es keine einzige Menschenseele mehr im Dorf. Vollkommen verwüstet und entvölkert blieb die Ortschaft nach diesem langen Krieg einsam zurück. Der Verwalter des Frauenauracher Klosters berichtete am 2. April 1666: »Weil bewährte Ortschaften Kriegenbunn und Hüttendorf im verflossenen Schwedenkriege dermaßen ruinirt wurden, daß viele Jahre hindurch nicht ein einziger Mensch daselbst gewohnet, die Glöcklein nebst allem Kirchengeräth hinweggeraubet, auch von den nächstgelegenen Papisten das Holzwerk des Altars, Stühle, Thüren, Fenster, ja sogar das Dach selbst zerschlagen […].« Aus Kriegenbrunn war durch Krieg und Morde quasi ein verlassenes Geisterdorf geworden. Ausgestorben … im wahrsten Sinne des Wortes. Gruselig! Noch gedanklich mit diesen entsetzlichen Zuständen vor fast 400 Jahren beschäftigt, erblicke ich dankbar eine Dorfbewohnerin beim Gassigehen mit ihrem Hund. Und bin glücklich darüber, dass Mopsi sich schwanzwedelnd streicheln lässt und die ältere Dame mich in ein freundliches und ausgiebiges Gespräch verwickelt. Wie gut, dass heute das Dorf wieder bevölkert ist. Es waren österreichische Glaubensflüchtlinge, vor allem aus Kärnten, die hier ab 1653 als Erste wieder eine Heimat fanden, das Dörfchen neu besiedelten und 1666 die stark beschädigte Kirche renovierten.

AUF EWIG BELAGERT Doch ein Happy End war der Kirche bis heute nicht beschieden. Auch in jüngerer Zeit meinte es nicht jeder gut mit diesem besonderen Gebäude, das zusammen mit seiner Ummauerung unter Denkmalschutz steht. Dramatisch hat sich Anfang 2020 das Umfeld dieser einzigartigen Chorturmanlage verändert. Ein neu errichtetes Wohnhaus für fünf Parteien ist diesem Kleinod im wahrsten Sinne des Wortes zu Leibe gerückt. Die ursprünglich frei stehende Ummauerung der Kirche wird nun durch die Bebauung quasi auf ewig belagert – trotz Denkmalschutz! Man versteht es nicht, aber sämtliche juristischen Schritte des Münchener Landeskirchenamtes gegen den Neubau blieben ohne Erfolg.

ZU BESUCH BEIM TEUFEL Nach all diesen erdrückenden historischen Fakten ist es an der Zeit, sich selbst näher auf dem Kirchengelände und im Inneren umzusehen. Welche Energien hier wohl schwingen mögen? Schließlich weiß ich ja: Krieg ist dieser Kirche nicht fremd. Belagerung auch nicht. Und sogar der Teufel soll sich in ihr heimisch niedergelassen haben – verewigt in einem Wandgemälde. Doch der erste Eindruck ist voller Frieden. Beim Schlendern über den ehemaligen Kirchhof laden einen die blühende Wiese und ein pittoresker, grüner Gartenstuhl dazu ein, ein bisschen innezuhalten. Und ein handgeschriebener, mit einem Stein beschwerter Zettel auf dem Bo-

Für Romantiker, die die Einsamkeit lieben, ist das verlassene Kirchlein mit seinen Butzenscheiben ein Must-see.

Zerstörung, Einsamkeit und auch noch teuflischer Besuch: Der Wehrkirche blieb aber auch nichts erspart.

den vor der Kirchentür bringt mich sogar zum Schmunzeln: »Klinke fest drücken!« Folgt man der Aufforderung und tritt in das Kircheninnere ein, ist man verzaubert von dem kleinen Raum mit seinen alten Holzbänken und dem schönen Altar! Vor allem aber ist man entzückt über den romantischen Lichteinfall durch die kleinen Fenster, die mit Butzenscheiben verziert sind. Welch meditativer Ort! Da kann man den Worten des Teufels, der auf die Wand gemalt ist, leichten Herzens folgen. Mit Krallenfüßen, Hundeschwanz, Wolfsrachen, Rüssel, Hörnern und Schweinsohren eindrucksvoll ausgestattet, warnt er mittels eines Spruchbandes zwei ins Gespräch vertiefte Frauen vor unnötigem Geschwätz. Das Wort »Laplilpap« schwebt mahnend aus seinem Mund – eine teuflische Aufforderung, die unnötig erscheint. Denn oberflächliche Plaudereien will man hier ohnehin nicht führen. Vielmehr ist man tief berührt und fühlt sich auch ohne Worte gestärkt von diesem kraftvollen Kirchlein, das eine so außergewöhnliche Geschichte hat.

Ein uralter Friedhof

Beerdigt wurden die österreichischen Exulanten, die das ausgestorbene Dorf wieder mit Leben füllten, einst auf dem Friedhof der Klosterkirche in Frauenaurach. Ein Besuch dieser uralten Gräber ist sehr zu empfehlen, denn es ist wie eine kleine Reise in längst vergangene Zeiten (www.frauenaurach-evangelisch.de). Und wer dem Glockengeläut der kleinen Wehrkirche digital lauschen möchte, ist auf der Webseite von Createsoundscape richtig. Dort ertönt nicht nur die Betglocke, sondern auch der »hoffnungslos gramvoll tönen[de …] Trauergesang« (E. A. Poe) der Totenglocke (https://createsoundscape.de).

So viel Action passt in keinen Roman: Die unscheinbare Wiese war historischer Schauplatz vieler Verbrechen und Lumpereien.

30

VOM WINDE VERWEHT

Weiler Wolfsfelden bei Kalchreuth

Als wäre es vom Erdboden verschluckt worden: Hier auf dieser Wiese stand einmal ein ganzes Dorf samt prachtvollem Herrensitz. Mit einer Geschichte, die einem spannenden Blockbuster-Historien-Krimi würdig wäre.

Adresse Wolfsfelder Wiese, 90562 Kalchreuth, Landkreis Erlangen-Höchstadt, Mittelfranken **GPS** 49.54556, 11.10458 **Anfahrt** Mit dem Auto über die B 2 bis Heroldsberg, dann weiter über Kalchreuth bis zum Parkplatz Bodenlehrpfad Kalchreuth fahren.

EINE EINSAME WIESE Auf einem Höhenrücken im Sebalder Reichswald, im sogenannten Erlanger Oberland, liegt die kleine Gemeinde Kalchreuth, die wegen ihrer zahlreichen Kirschbäume auch »Kirschendorf« genannt wird. Doch nicht einmal drei Kilometer von Kalchreuth entfernt, in stiller Waldesruh, ist heute ein wahrer Lost Place zu finden: die Wolfsfelder Wiese. Man sieht es dieser Lichtung zwar nicht an, aber an diesem Ort befand sich einst ein prächtiges Dorf. Viele aufregende Geschichten ranken sich um die ehemalige Ansiedlung, die von einem kleinen Bauernhof zu einem Weiler mit pompösem Herrensitz anwuchs … und dann wieder komplett verschwand. Nichts erinnert mehr an das prächtige Schlösschen, die vielen Wohnhäuser für Tagelöhner, den Heu- und den Getreidestadel, den Backofen, die Schweineställe, den Spring- und Ziehbrunnen, das verrufene Wirtshaus … wäre da nicht ein Gedenkstein, der aussieht, als wäre hier ein letztes Überbleibsel vergessen worden. Und wären da nicht die schriftlichen Quellen, die von Katastrophen, Raubüberfällen und zwielichtigem Lumpengesindel berichten.

EIN BAUERNHOF IM WALD Erstmals urkundlich erwähnt wird »Wolfsueld in nurimberger wald gelegen« im Jahr 1394. Es war eine 14 Tagewerk große Grasmahd mit dazugehörigen Äckern. 1432 gelangte das Gebiet von den Zollern, den Nürnberger Burggrafen, an die Reichsstadt Nürnberg. Damals, so die Forschungen des Vereins Altnürnberger Landschaft, existierte hier neben den Äckern und Wiesen ein Bauernhof. Mehrere Besitzer wechselten während der nächsten 200 Jahre, bis der Dreißigjährige Krieg kam. Und mit ihm die erste Verwüstung.

EIN ZEITGENÖSSISCHER BERICHT Eine Vorstellung über die damaligen Greueltaten der marodierenden Soldaten mag die Depesche des Erlanger Stadtrichters Georg Schirmer geben, die er am 27. November 1631 an den Markgrafen versandte: »[…] und Also der ganze hauf mit gewaldt herein gebrochen, ein Jeder ein Rohr oder Pistol in der einen in der anderen handt eine Partten oder Streithamer geführet, und zue gleich Puff, Puff geschrien, […].« Weiter berichtete der Stadtrichter, dass die Häuser ausgeraubt und Hab und Gut zerstört worden seien. Auf dem Hof Wolfsfelden mag es zu vergleichbaren Gewaltorgien gekommen sein, denn wie das nahe gelegene Erlangen blieb auch er nach dem Dreißigjährigen Krieg komplett verwüstet und zerstört zurück.

ES WIRD HERRSCHAFTLICH Eine glückliche Fügung trat im Jahr 1652 ein. Baron Johann Adam von Praunfalk zu Neuhaus, ein Glaubensflüchtling aus Österreich, kaufte den ruinösen Grund und erbaute auf der Verwüstung ein prachtvolles Schlösschen. Schwiegersohn Baron Johann Albrecht von Blomberg, ebenfalls österreichischer Exulant, vergrößerte das Anwesen und errichtete weitere Gebäude, unter anderem für Taglöhner. Seine Aktionen waren jedoch den Nürn-

Ist dieser Stein der letzte Rest des ehemals herrschaftlichen Weilers?

berger Forstbehörden ein Dorn im Auge. Denn für die Errichtung der Gebäude entnahm er aus dem Reichswald Bauholz. Unbefugt und reichlich. Da er jedoch dem hochverschuldeten Nürnberg Kredite gewährt hatte und mit dem Abzug seiner Gelder drohte, ließ man ihn zähneknirschend gewähren. Als er Anfang des 18. Jahrhunderts starb, erbte Maria Sophia Salome von Neumann das inzwischen stattliche Anwesen. Mutterseelenallein, nur in Gesellschaft ihrer Dienstboten, bewohnte sie den abgelegenen Ort – sehr zur Freude von Diebesgesindel.

DIE RÄUBER KOMMEN Eine »räuberische Diebesbande von etlich und dreißig Personen, welche theils in Gesichtern geschwärzt, theils mit Larven verdeckt waren, [war] so vermessen gewest und den 1. Februar (1716) Nachts zwischen 10 und 11 Uhr zu Wolfsfeld bei einer vornehmen Standesperson in das Schloss mit Gewalt eingebrochen, Thür und Thor mit bei sich gehabten Beilen eröffnet, die darum sich befundene vornehme und andere Personen an Händen und Füßen mit Stricken und Riemen gebunden [...] das beste an Silber, Kleidern und weißen Gezeuch [Wäsche], nebst anderen geraubt und

Kaum zu glauben: Auf der Wiese stand einst dieses prachtvolle Schlösschen.

damit fortgezogen, allerseits gebundene Personen aber in ihrem Blute auf der Erden liegengelassen.« Obwohl die Reichsstadt Nürnberg eine Belohnung von 100 Gulden aussetzte, blieben die Einbrecher unauffindbar.

IM 19. JAHRHUNDERT Nach einem Wirrwarr aus mehreren Besitzerwechseln, Teilungen in Bauern- und Schlossgut, Zwangsversteigerungen und der Abgabe der Forstrechte an den Staat erwarb 1873 schließlich der Heroldsberger Bauer Johann Georg Raab den größten Teil der Ansiedlung. Schwupps richtete er im Schloss eine Wirtschaft ein. Im Aufsatz von Helmut Horneber in den Erlanger Bausteinen aus dem Jahr 1999 erfährt man, dass zur Zeit des Bauern Raab 83 Personen in dem Weiler lebten. Obendrein war das kleine Dörfchen zum beliebten Ausflugsziel geworden. Besonders zur Kirschernte an schönen Sonntagen war das Wirtshaus ein Hotspot der Trinklust und Gaumenfreude für schon mal über 200 Personen. Kein Wunder, dass der Wirt neben Bier auch Branntwein ausschenken wollte. Eine Genehmigung musste her!

DIE SPELUNKE IM WALD Die Gemeinde Kalchreuth unterstützte begeistert seinen Antrag. Und so bekam Familie Raab vom Königlichen Bezirksamt die Erlaubnis zum Ausschank. Doch die abgeschiedene Wirtschaft, idyllisch mitten im Wald gelegen, war nicht nur für den Familienausflug am Sonntag perfekt. Auch »lichtscheues Gesindel« fühlte sich hier pudelwohl. Ob Vogelfänger, Waldfrevler oder Fallensteller bei Trinkgelagen, ob »Studenten von Erlangen beim Pauken« – dem verbotenen Mensurfechten –, hier waren sie alle anzutreffen. Ein anrüchiges Vergnügungslokal war entstanden, so berüchtigt, dass es das Vorbild für Wilhelm Hauffs Novelle »Das Wirtshaus im Spessart« hätte sein können. Natürlich war die Gen-

Dort, wo sich heute ein Tümpel heimisch fühlt, kam 1716 in der Nacht eine räuberische Diebesbande herangeschlichen.

darmerie wenig begeistert, »wobei jedoch der Wirt Raab jedesmal dem betreffenden Gendarmen den Zutritt verweigerte, bis die Herren Studenten ihre Paukwerkzeuge u.s.w. beseitigt hatten«.

DAS ENDE Als die Geschäfte mehr schlecht als recht gingen, wurde das Schlösschen kurz vor der Zwangsversteigerung vom Staat angekauft. Für die Regierung war das Ende von Wolfsfelden eine beschlossene Sache. 1891 wurde das ehemals herrschaftliche Anwesen abgerissen, am 2. Februar 1900 folgten die restlichen Gebäude des Bauerngutes. Die Obrigkeit, ob Gendarmerie oder königliches Forstamt, jubilierte. Die »Laus im Pelz« war für immer entfernt worden, Wolfsfelden bis auf die Grundmauern geschleift, das Lumpengesindel im Wald gehörte der Vergangenheit an. Doch nicht jeder verkraftete den Untergang des Weilers. Da war zum Beispiel Johann Boehm, 51 Jahre alt und Wolfsfeldener mit Leib und Seele. Der Kalchreuther Pfarrer schrieb über ihn ins Kirchenbuch, er habe sich »im Reichswald erhängt und wurde erst nach 2 Jahren aufgefunden und in der Stille beerdigt«.

Kalchreuther Panoramarunde

Wer nach so vielen Räubergeschichten das Bedürfnis nach ein bisschen Romantik hat, sollte einen Spaziergang auf der Kalchreuther Panoramarunde machen. Im Frühling betören die unzähligen Kirschblüten mit ihrem Duft, vor allem, wenn der Wind weht (www.kalchreuth.de).

31

MIT DORN UND BESEN GEZÜCHTIGT

Ehemaliges Kloster Engelthal

Heute ist das kleine Dorf nahe Hersbruck beliebt wegen seiner kulinarischen Köstlichkeiten. Doch kaum einer ahnt beim Verspeisen seines »Schweinsbrat'n mit Gniedla«, dass dieser Ort im Mittelalter ein berühmtes Zentrum der Mystik war.

Adresse Hauptstraße 30, 91238 Engelthal, Landkreis Nürnberg, Mittelfranken
GPS 49.47186, 11.39941 **Anfahrt** Mit dem RE 40 nach Hersbruck (rechts Pegnitz), dann mit dem Bus 335 (Fahrgäste müssen den Betreiber anrufen: 0911/270 75 99) bis Oberes Tor in Engelthal oder mit dem Auto über die A 6 bis zur Ausfahrt Altdorf-Leinburg, dann die Gersdorfer Hauptstraße bis zur Hauptstraße in Engelthal fahren.

Hinter dem uralten Klostergemäuer war im Mittelalter die Mystik daheim.

↑ Längst hat man altehrwürdige Torbögen für die Landwirtschaft passend gemacht.
↗ Der Löwe: ein herrschaftliches Symbol und ein Zeichen für Kraft und Stärke

MYSTIK IM MITTELALTER Eine unmittelbare Begegnung mit dem Göttlichen herbeizuführen, war das Ziel der Mystiker vom 12. bis 14. Jahrhundert – und nur erreichbar, wenn man Pomp und Prunk entsagte. Um Gott zu erfahren, musste man Armut und Askese leben und das Loslassen des Weltlichen üben. Bettelorden wie die Dominikaner entstanden. Die Lehren philosophischer Freidenker wie die des Meisters Eckart (1260–1328) hatten starken Einfluss auf die Menschen, waren aber auch gleichzeitig ein Dorn im Auge des Papstes. Eine besondere Bewegung war dabei die sogenannte Frauenmystik. Einige fromme Frauen verehrten Christus so stark, dass sie eine eigene Spiritualität entwickelten und sich in Visionen intensiv, ja bisweilen sogar sinnlich mit Christus vereinigten. Persönliche Gottesbegegnung und Ekstase wurden zum Lebensziel. Die erste Vertreterin dieser Frauenbewegung voller Entrückung war die hochgebildete Benediktinerin Hildegard von Bingen (1098–1179).

IM MITTELALTERLICHEN ENGELTHAL Mit diesem Wissen begeben wir uns nun auf eine Zeitreise und landen mitten im mittelalterlichen Engelthal, einem ehemaligen Klosterdorf im Hammerbachtal. Hervorgegangen war dieses Kloster im Nürnberger Land aus einer Gemeinschaft von Beginen. In Nürnberg hatte sich ursprünglich eine Gruppe gottesfürchtiger Frauen versammelt, die außerhalb der Kirche ein asketisches und andächtiges Leben führen wollten. Als 1239 die kaisertreue Reichsstadt wegen Streitigkeiten zwischen Papst und Kaiser mit Kirchenbann und Interdikt bestraft wurde, verließen die Beginen Nürnberg und flüchteten auf das Land.

Religiöse Erhebung erfuhren die Nonnen nur durch Leid. Manche lag deshalb für Stunden im Kloster auf frosthartem Boden.

DER WEG INS FRAUENKLOSTER Der mächtige Reichsministeriale Ulrich II. von Königstein überließ diesen frommen Frauen einen Meierhof. Als ganz in der Nähe sein letzter männlicher Nachkomme vom Pferd stürzte und trotz Pflege der Beginen verstarb, sah er das als Zeichen Gottes und schenkte dieser alternativen Glaubensgemeinschaft im Jahr 1243 das Dorf Swinach, das heutige Engelthal. Im Jahr 1248 unterstellte Papst Innozenz IV. (1195–1254) die frommen Frauen dem Orden der Dominikanerinnen und somit der katholischen Kirche. Der Vorteil daran war, dass die Nonnen nun mit ausgiebigen Schenkungen rechnen konnten. Die mildtätigen Gaben waren so reichlich, dass dem Frauenkloster am Ende, bei seiner Schließung im Jahr 1565, sage und schreibe 327 Höfe gehörten. Doch es war nicht nur ein äußerst vermögendes Kloster entstanden. Mit den tief religiösen und gleichzeitig freigeistlich denkenden Frauen war auch eine besondere Spiritualität aufs Land gezogen.

DER RUF EINER HEILIGEN Ihre berühmteste Vertreterin war die Nürnberger Patriziertochter Christine Ebner (1277–1355). Christine hatte bereits im Alter von sieben Jahren beschlossen, ein geistliches Leben führen zu wollen, und war mit zwölf Jahren in das Engelthaler Kloster eingetreten. Im ganzen Land sprach man von ihr und ihren göttlichen Visionen. Bekannt waren ihre schriftlichen Werke, in denen sie ihre mystischen Erlebnisse, aber auch die ihrer Ordensschwestern akribisch festhielt. Ein Höhepunkt im Leben von Christine Ebner dürfte sicherlich der Besuch des hochwohllöblichen Königs und späteren Kaisers Karl IV. (1316–1378) gewesen sein. In Nürnberg ist er bis heute wohlbekannt, schmückt er doch auf dem Hauptmarkt als zentrale Figur das berühmte Männleinlaufen am Westgiebel der Frauenkirche. Der Herrscher hatte von dem heiligen Ruf der 73-jährigen Nonne gehört und sich deshalb am 28. Mai 1350 mit seinem Gefolge auf den Weg in das Klosterdorf gemacht: »[...] da kam der römische König Karl zu ihr und ein Bischof und drei Herzöge und viele Grafen, die knieten vor ihr nieder, daß sie ihnen zu trinken gäbe und den Segen, mit großer Begierde.«

AUF ENTDECKUNGSTOUR Besucht man heute Engelthal, so erkennt man sofort die Grundstruktur des alten Klosters, die immer noch erhalten ist. Die alte Klostermauer, die »rinck maur«, umrahmt zum großen Teil das Dörfchen. Sogar zwei alte Tore sind heute noch vorhanden, gerade breit genug, um ein Pferdegespann durchzulassen. Und dort ist die ehemalige Klosterkirche aus dem 13. Jahrhundert. Einem Dominikanerorden angemessen, steht sie bescheiden mit einfachen Bogenfenstern, geradem Chor und unspektakulärem Dachreiterturm mitten im Ort. Gleich daneben befindet sich das Kapitelhaus mit seinem hohen Satteldach. Es stammt aus der Zeit um 1270 und beherbergte im Obergeschoss das Dormitorium, also die Schlafstube der Nonnen. Eine kleine Kuriosität ist auf der anderen Straßenseite die Kapellenscheune St. Willibald, die 1243

Unter dem Speisesaal der Nonnen, in dem sie schweigsam ihre Mahlzeiten aßen, befindet sich ein großes Kellergewölbe.

als Kapelle erbaut worden war. Ungewöhnlich an ihr ist ihre heutige Zusammenstellung aus Kirchenchor und Scheune, denn Anfang des 19. Jahrhunderts hatte man ganz praktisch an die Ruine des Sakralbaus ein landwirtschaftliches Gebäude angebaut und beides mit einem gemeinsamen Dach ausgestattet. Was für ein Anblick! Huch! Erschreckt zucke ich zusammen, als ein riesiger Lastwagen auf der kleinen Dorfstraße vorbeidonnert – schade; ein Erlebnis voller Entzücken ist erst einmal passé. Doch dann, beim Weiterschlendern durch einen uralten Durchfahrtsbogen, wird es still. Ich entdecke den ehemaligen Wirtschaftshof des Klosters, erkenne das einstige Refektorium, also den Speisesaal der frommen Frauen, und betrachte ausgiebig den Klosterhof, der heute der Pfarrgarten ist. Erhaltene Grabplatten von Adeligen und Rittern geben ihm ein altehrwürdiges Aussehen.

MIT IGELHAUT GEZÜCHTIGT Das also ist der Ort, an dem die Mystikerinnen einst lebten! Schriftliche Quellen verraten die spirituelle Lebenspraxis der Engelthaler Nonnen. Um den Zustand ekstatischer Entzückung zu erreichen, peinigten sich die Frauen selbst unerbittlich. Sie nahmen »mit dorn und besen starke disciplin« oder schlugen sich mit der Haut eines Igels, »daz daz bluet von ir floz«. Durch Selbstzüchtigungen, endloses Fasten oder während einer Krankheit fühlten sie sich Gott näher. Deshalb wollte Nonne Irmgard von Eichstätt auf gar keinen Fall, dass ihre Glaubensschwestern für ihre

Das spartanische Innere
der bezaubernden Kapellenscheune St. Willibald

↑ Die uralte, steinerne Kellertreppe führt in den klösterlichen Lagerraum.
↗ Welche Vorräte hier die frommen Aussteigerinnen wohl einst verwahrten?

Genesung beteten – im Gegenteil. Und Schwester Kunigunde von Vilseck wäre am liebsten gleich bis zu ihrem Tod permanent krank geblieben. Kein Wunder, dass die Krankenstube und das Siechenhaus stets überfüllt waren.

MYSTIK HEUTE Noch ganz in Gedanken mit dieser Form des Glaubens beschäftigt, entdecke ich beim Weitergehen schließlich den Klostergarten, der im Süden des Dorfes liegt und äußerst romantisch von der uralten Klostermauer umgeben ist. Heutzutage blühen anstelle der heilsamen Klosterkräuter private Streuobstwiesen. Während ich versunken die Klostermauer bewundere, die heute sogar einen eigenen Verein besitzt und von Wildblumen eskortiert wird, ruft ein Kuckuck laut aus dem nahen Wald. Und plötzlich spüre ich ihn – diesen kleinen mystischen Moment, diese zeitlose Gewissheit, dass es eine höchste Wirklichkeit gibt. Souverän, unantastbar, losgelöst von allem … und göttlich.

Führung durch das Klosterdorf

Ein großes Vergnügen sind die Führungen durch das Klosterdorf mit dem Lokalhistoriker Heini Liebel, einem echten Engelthaler Original. Als Vorsitzender des Fördervereins zur Erhaltung der Klostermauer weiß er auf jede Frage eine fundierte Antwort (www.klostermauer-engelthal.de). Und wer Freude am Wandern und Einkehren hat, dem sei der Jura-Gebirgsweg mit Stopp im Weißen Lamm ans Herz gelegt. Denn die Landschaft ist einfach herrlich – und der Schweinsbraten unbeschreiblich köstlich!

Gewaltsam und roh wurde von den Nazis der Thoraschrein entfernt. Später hat man die Fensteröffnungen sorglos zugemauert.

32

EIN GOTTESHAUS ALS ABSTELLKAMMER

Synagoge Mühlhausen

Ob Mähdrescher, Wohnwagen oder Traktor: In einem kleinen fränkischen Dorf nahe Erlangen diente eine uralte Synagoge über viele Jahrzehnte als Parkhaus für sperrige Fahrzeuge. Doch die spirituelle Aura des Gotteshauses ist bis heute zu spüren.

Adresse Schloßweg 5, 96172 Mühlhausen, Landkreis Erlangen-Höchstadt, Mittelfranken **GPS** 49.75232, 10.77530 **Anfahrt** Mit dem Bus 207 von Höchstadt bis Haltestelle Marktplatz in Mühlhausen/ERH oder mit dem Auto über die A 3 bis zur Ausfahrt Höchstadt-Nord, dann bis zum Schloßweg fahren.

EIN URALTES DÖRFCHEN Die Wassermühle klappert heute noch am rauschenden Reichenbach im Landkreis Erlangen-Höchstadt. Und auch wenn sie schon in die Jahre gekommen ist, so darf sie mit Fug und Recht behaupten: Ich habe diesem Ort seinen Namen gegeben! Denn als »Mulinhusun« (Häuser bei einer Mühle) wurde das Fleckchen im Jahr 1008 das erste Mal urkundlich erwähnt. Uralt ist auch das jüdische Leben in diesem mittelfränkischen Markt, denn es reicht weit zurück. Bereits 1498 lebte hier nachweislich ein jüdischer Bürger. Ab 1585 werden die Niederschriften über jüdische Einwohner dann sogar zahlreich. Und ab 1686 lässt sich obendrein eine Synagoge nachweisen. Als diese »baufällig« und »nicht mehr anständig« war, wies Albrecht von Egloffstein, Schlossherr und Hauptlehensgeber des Dörfchens, der jüdischen Gemeinde »einen zum Schlossgarten gehörigen Platz« zu. Hier konnten sie in den Jahren 1755 bis 1756 eine ansehnliche Synagoge mit jüdischer Schule und Rabbinerwohnung im ersten Stock errichten. Eine blühende, jüdische Gemeinschaft war entstanden. So kam es schließlich, dass im Jahr 1868 von den insgesamt 784 Einwohnern Mühlhausens jeder Vierte Jude war.

RAUS IN DIE WELT Kein Wunder, dass es über die Jahrhunderte den ein oder anderen jüdischen Mühlhausener gab, der in der großen, weiten Welt einen bleibenden Eindruck hinterlassen konnte – zum Beispiel Tobias Koen (1763–1849). Er ging 1793 nach Paris und wurde dort *chirurgien pédicure*, also medizinischer Fußpfleger. Er kümmerte sich um hochrangigste Füße wie die von Kaiser

↓ In der Synagoge war sogar Platz für eine Schule und die Wohnung des Rabbiners.
↘ Die Tür zum Betraum mit Wappen, Hochzeitsstein und Durchschlupf für die Katze

Napoléon Bonaparte (1769–1821). Sogar Papst Pius VII. (1742–1823) vertraute Koen seine Schwielen und Hühneraugen an.

MÜHLHAUSEN HEUTE Begibt man sich heute auf die Suche nach dem einstigen jüdischen Leben in Mühlhausen, so wird man mitten im Dorf fündig. Von der Dorfstraße zurückgesetzt und versteckt zwischen bäuerlichen Anwesen, entdeckt man eher zufällig ein unscheinbares Haus aus der Barockzeit. An dem zweigeschossigen Massivbau mit Walmdach würde man eher vorbeigehen als bewundernd stehen bleiben, denn ein riesiges Scheunentor lässt dahinter landwirtschaftliche Räume vermuten. Und auch der baufällige Allgemeinzustand bringt einen nicht dazu, in Entzückungsrufe auszubrechen. Tatsächlich aber steht man hier vor einer der ältesten erhaltenen Synagogen Bayerns.

DIE MASCHINENHALLE Und so blickt man genauer hin … und entdeckt, dass das riesige hölzerne Einfahrtstor ohne Rücksicht auf bauliche Gegebenheiten der Westfassade eingesetzt wurde. 1938 hatte man gnadenlos eine Einfahrt durchbrochen. Das jüdische Gotteshaus sollte nämlich als Maschinenhalle genutzt werden. Später wurde das Tor bis auf halbe Höhe des Obergeschosses erweitert, weshalb die oberen Fenster abgesägt werden mussten – »weil der Mähdrescher so hoch war, sind wir nimmer reingekommen«, so die ehemalige Besitzerin im Fernsehen. »Wir ham die gekauft als Maschinenhalle und dann habn wir auch wirklich Mähdrescher, Schlepper, Auto, alles drin ghabt. Weil wir halt wenig Platz haben.«

»HEBT EURE AUGEN IN DIE HÖHE« Betritt man nun durch das geöffnete Scheunentor die ehemalige Synagoge, traut man seinen Augen kaum. Hinter dem landwirtschaftlichen Tor verbirgt sich ein imposanter

Trotz aller schlimmen und nachlässigen Behandlung:
Dieser einzigartige Lost Place strahlt heute noch barocke Würde aus.

Der Zustand der Synagoge ist ein schlechter. Doch der Restaurator weiß: »Es handelt sich um ein hochkarätiges Denkmal.«

Im März 1939 mussten die Mühlhausener Juden ihre Häuser »verschenken«.

Raum in schönster barocker Anmutung. Ein flaches Spiegelgewölbe mit Stichkappen bildet die Decke des Betraums. Sämtliche Stuckornamente, die heute noch erhalten sind, sind farbig gefasst, wobei Ockergelb und Blau vorherrschen. Die Motive ranken und bändeln sich in typisch barocker Manier festlich-heiter durch den Raum, auch wenn sie nur noch in Rudimenten erhalten sind. In der Mitte der Decke ist im Zentrum einer reichen Stuckverzierung der hebräische Vers »Hebt eure Augen in die Höhe« aus dem Alten Testament angebracht. Man steht da und kann einfach nur staunen. Sicherlich werden feinfühlige Besucher auch die spirituelle Aura dieses gotterfüllten Hauses spüren.

ZWECKMÄSSIG UMGEBAUT Dennoch bleibt auch nicht aus: Je länger man den ehemaligen Betraum betrachtet, umso entsetzter ist man über seinen heutigen Zustand. Tiefe Risse durchziehen die Mauer. Der Verputz bröckelt von der Wand. Viele Fenster sind zugemauert. Einige wurden zwar als kleine Lichtquelle belassen, aber abgesägt und der untere Bereich vermauert. Und um die Durchfahrt von landwirtschaftlichen Fahrzeugen zu ermöglichen, waren außerdem störende Bauelemente wie der Treppenaufgang, Trennwände und die Zwischendecke zweckmäßig entfernt worden.

VON DEN NAZIS GESCHÄNDET Vom ehemaligen Thoraschrein an der Ostseite, dem sogenannten *Aron ha-Kodesch*, ist heute nur noch der Rest der farbigen Stuckverzierung erhalten. Am frühen Morgen des 10. November 1938, in der sogenannten Pogromnacht, brannte nämlich ein riesiger Scheiterhaufen auf dem Mühlhausener Marktplatz. Die Nationalsozialisten hatten zusammen mit den Möbeln der jüdischen Bürger auch die Inneneinrichtung und die Kultgegenstände der Synagoge auf den Marktplatz geschleppt und in Brand gesteckt. Die Synagoge selbst wurde verschont, aber nur, weil es zu gefährlich gewesen wäre, sie abzubrennen. Schließlich hätte das Feuer von dort aus auf Gebäude der andersgläubigen Nachbarn übergreifen können.

Der jüdische Friedhof

Die alte Synagoge besitzt seit Herbst 2018 einen eigenen Verein, der regelmäßig das Tor für interessierte Besucher öffnet (www.synagoge-muehlhausen.de). Nach der Besichtigung des bezaubernden sakralen Innenraums sollte man unbedingt auch den »Guten Ort« – den jüdischen Friedhof in Mühlhausen – besuchen. Einsam und friedlich liegt er idyllisch umgeben von Sonnenblumenfeldern am nordwestlichen Ortsrand.

Verlassen, aber nicht vergessen liegt der kleine Friedhof in schönster Natur.

33

DEM TEUFEL EINEN BESUCH ABSTATTEN

Der Teufelsgraben bei Prackenfels

Ein geheimnisvolles Bächlein, umgestürzte, vermodernde Bäume in Drachengestalt und eine teuflische Sage machen diese enge Schlucht im Nürnberger Land zu einem unheimlich mystischen Ort.

Adresse Prackenfels, 90518 Altdorf bei Nürnberg, Mittelfranken **GPS** 49.36966, 11.35638
Anfahrt Mit der S 2 bis Haltestelle Altdorf (bei Nürnberg), dann zu Fuß oder mit dem Auto über die A 3 bis zur Ausfahrt Altdorf/Burgthann, dann in Altdorf die Nürnberger Straße bis Prackenfels fahren.

Wildromantisch und teuflisch schön bahnt sich das Bächlein einsam seinen Weg.

AUF DEM HEXENBESEN INS TAL Schon die Anreise ist außergewöhnlich, als würde man auf einem Hexenbesen in des Teufels Küche einfliegen … so fühlt es sich auf der sehr steilen und kurvigen Landstraße an, die über das Dörfchen Prackenfels direkt zum tiefer liegenden Zielort führt. Man stützt sich unwillkürlich am Armaturenbrett im Auto ab. Und hat trotzdem das Gefühl, gleich in den Höllenschlund zu plumpsen. Das Tal südlich von Prackenfels im Nürnberger Land wird schon seit Jahrtausenden von der sagenumwobenen und wildromantischen Schwarzach beherrscht, einem Nebenfluss der Rednitz. Schon ihr Name ist mystisch und altehrwürdig: »schwarz«, weil das Flusswasser oftmals viele Sedimente mit sich führt, die es dunkel färben. Und die »Ach« ist abgeleitet vom keltisch-germanischen »Ache« als Bezeichnung für ein fließenden Gewässer. Auch der kleine und abgeschiedene Weiler Prethalmühle, der direkt an der Schwarzach liegt, gibt dem Tal eine nostalgische Atmosphäre. Schon 1360, so verraten Urkunden, befand sich hier eine Mühle, die jedoch im Dreißigjährigen Krieg vollständig zerstört wurde. Ein Wiederaufbau erfolgte 1643, aber im Jahr 1738 brannte das Mühlengebäude erneut vollständig ab. Das Gasthaus der Mühle blieb stehen und wurde im Jahr 2008 denkmalprämiert. Welch abenteuerliche Geschichten es wohl erzählen könnte?

EINZIGARTIGER NATURORT Wild und ursprünglich, so zeigt sich hier die Natur. Geheimnisvoll und sagenhaft sind deshalb auch die Geschichten, die sich um diesen Naturort ranken. Hier scheint sich der Teufel einst pudelwohl gefühlt zu haben. Namen wie Teufelsgraben oder Teufelshöhle zeugen heute noch davon. Will man dem unheimlichen Teufelsgraben einen Besuch abstatten, so geht man über eine Holzbrücke in den Wald hinein. Zunächst wird man beim Betreten des sich schlängelnden Weges die Waldlandschaft vermutlich als unscheinbar, schattig und kühl empfinden. Versucht man aber, diesen Ort auf sich wirken zu lassen, kann man auch seine Einzigartigkeit spüren. Wohin man blickt, überall Moos: Die Luft ist von Feuchtigkeit und Wasser erfüllt, die Bäume sind von den immergrünen Polstern überzogen und der Waldboden mit einem Teppich aus Moospflanzen bedeckt. Plötzlich macht sich eine wildromantische Klamm auf, durch die der Teufelsgraben fließt. Dieser geheimnisvolle Bach hat sich seinen bizarren Weg durch den Wald gebahnt und dabei eine märchenhaft verwilderte Landschaft entstehen lassen. Alte Bäume klammern sich mit ihren Wurzeln an die Steilhänge oder werden vom »teuflischen Wasser« umspült. Umgestürzte Bäume liegen wie schlafende Drachen umher, als wollten sie den Wanderer von seinem Aufstieg abhalten. Das Faszinierendste jedoch ist das Wasser selbst, das nach Regenfällen ein undurchdringlich-milchiges Eigenlicht besitzt. Es brodelt und wabert auf diabolische Weise Richtung Schwarzach. Bei wenig Wasser kann man am Graben entlang mit wasserdichtem Schuhwerk auch direkt nach oben gehen – allerdings ist das kein leichtes Unterfangen. Am Quellort angekommen, betritt man gefühlt des Teufels Zuhause – wahllos hingepurzelte große Steine wirken wie kultische Opfersteine. Wie unheimlich mystisch!

Sogar die Wurzeln der Bäume ranken sich diabolisch über Sandsteinfelsen.

Eine Räuberhöhle

Auf der anderen Seite des Tals befindet sich die Teufelshöhle, eine echte Räuberhöhle. Betreten sollte man sie allerdings nicht, denn sie ist in Privatbesitz und zudem einsturzgefährdet. Man kann sie jedoch umwandern oder sich in ihrer Nähe auf dem Waldboden niederlassen, ihre geheimnisvolle Nähe genießen und sich an ihrer Sage erfreuen: Kuno von Kropfburg, der Erbauer der zerstörten Burg in Prackenfels, soll ein Raubritter mit diabolischen Kräften gewesen sein, denn er hatte einen Pakt mit dem Teufel geschlossen. Seine geraubten Schätze versteckte er in dieser teuflischen Höhle … bis ihm die Städter am Teufelsgraben den Garaus machten.

So mancher der hier vorgestellten Lost & Dark Places
könnte einem Schauerroman von Edgar Allan Poe entsprungen sein. (Kapitel 25)

Bei so viel Verfall kann die berühmte Nürnberger Madonna nur noch verzweifelt die Hände ringen. (Kapitel 1)

REGISTER

DANK

Danksagung der Autorin: Meinen herzlichen Dank an dieser Stelle an Dr. Winfried Neuhuber, Professor der Anatomie, an Dr. Alfons Baier, Professor der Angewandten Geologie, an Dr. Alexander Mayer, Historiker und Fürther Stadtheimatpfleger und an die Altstadtfreunde Nürnberg e. V. An die Stadtarchive der Städte Nürnberg, Fürth und Erlangen, an den Fotografen Harald Sippel und den Lokalhistoriker Heini Liebel. An Ralf Arnold, den Vorsitzenden des Fördervereins Nürnberger Felsengänge, sowie Peter Kraus M.A., den stellvertretenden Museumsleiter des Industriemuseums Lauf, an Mesner Hanno Dittrich in Frauenaurach, an die Friedrich-Alexander-Universität Erlangen-Nürnberg und den unvergleichlichen Udo Martin, Leiter der Kulturstätte Kofferfabrik. Danke auch all den anderen wunderbaren Menschen, die mich bei meiner Recherche so umfassend unterstützt haben, und last not least meinem Literaturagenten Dr. Martin Brinkmann. Denn er hat erkannt, dass das Nachforschen meine große Leidenschaft ist, und mir deshalb das Schreiben dieses Buches ans Herz gelegt.

ISBN 978-3-7343-2098-9

Eine Zeitreise in Wanderschuhen durch die abwechslungsreiche fränkische Landschaft zwischen Amorbach und Kronach, zwischen Lichtenberg und Weißenburg.

BRUCKMANN

www.bruckmann.de

IMPRESSUM

Verantwortlich: Claudia Hohdorf
Lektorat: Helga Peterz
Korrektorat: Christiane Gsänger
Layout: BUCHFLINK Rüdiger Wagner
Covergestaltung: Anna Katavic
Layout- und Reihengestaltung: Mathias Frisch
Kartografie: Bruckmann Verlag GmbH, Heidi Schmalfuß
Repro: LUDWIG:media
Herstellung: Alexander Knoll
Printed in Poland by CGS Printing

Sind Sie mit diesem Titel zufrieden? Dann würden wir uns über Ihre Weiterempfehlung freuen.
Erzählen Sie es im Freundeskreis, berichten Sie Ihrem Buchhändler, oder bewerten Sie bei Onlinekauf. Und wenn Sie Kritik, Korrekturen, Aktualisierungen haben, freuen wir uns über Ihre Nachricht an Bruckmann Verlag, Postfach 40 02 09, D-80702 München oder per E-Mail an lektorat@verlagshaus.de.

Unser komplettes Programm finden Sie unter www.bruckmann.de

Alle Angaben dieses Werkes wurden von der Autorin sorgfältig recherchiert und auf den neuesten Stand gebracht sowie vom Verlag geprüft. Für die Richtigkeit der Angaben kann jedoch keine Haftung übernommen werden, weshalb die Nutzung auf eigene Gefahr erfolgt. Insbesondere bei GPS-Daten können Abweichungen nicht ausgeschlossen werden. Sollte dieses Werk Links auf Webseiten Dritter enthalten, so machen wir uns die Inhalte nicht zu eigen und übernehmen für die Inhalte keine Haftung.
In diesem Buch wird aus Gründen der besseren Lesbarkeit das generische Maskulinum verwendet. Weibliche und anderweitige Geschlechteridentitäten werden dabei ausdrücklich mitgemeint, soweit es für die Aussage erforderlich ist.

Empfehlung der Redaktion Sie sind auf der Suche nach weiterführender Literatur? Dann empfehlen wir Ihnen den Titel »Lost & Dark Places Spessart« von Laura Bachmann.

Bildnachweis Die Bilder im Innenteil stammen von der Autorin mit Ausnahme von S. 31: Archiv Altstadtfreunde Nbg._Fotograf E. Mulzer; S. 83 o., u.: Professor Dr. Winfried Neuhuber; S. 92/93: Harald Sippel; S. 96, 98/99 o.: Stadt Nürnberg/Birgit Fuder; S. 97, 98 u.: Stadt Nürnberg/Christiane Dierenbach; S. 125: Stadt Fürth; S. 149: Irina Gerschmann; **Wikimedia Commons:** S. 13, 35: Ralf Roletschek (GNU Free Documentation License 1.2); S. 67: Janericloebe; S. 79: Erlangen_Einweihung_Universität_1743 (2); S. 107: Johann Michael Rößler 1736 nuernberg-museum.de; S. 129: Abuiju Uttenruthia-Studenten_in_Göttingen_Foto; S. 138: Pfarrer C. G. Rehlen Wolfsfelden_Herrenhaus; S. 142: Kloster_engelthal_1550

Umschlagvorderseite: Mittelalterliche Lochgefängnisse in Nürnberg (Stadt Nürnberg/Birgit Fuder; Kapitel 20)
Umschlagrückseite: Fenster der Kunstgießerei Lenz in Nürnberg (Kapitel 1)

Die Deutsche Nationalbibliothek verzeichnet diese Publikation in der Deutschen Nationalbibliografie; detaillierte bibliografische Daten sind im Internet über http://dnb.d-nb.de abrufbar.

ISBN 978-3-7343-2483-3